高职英语教学的理论与创新路径探索

刘　璇◎著

文化发展出版社
Cultural Development Press
·北京·

图书在版编目（CIP）数据

高职英语教学的理论与创新路径探索 / 刘璇著 . —
北京 ：文化发展出版社，2023.10
ISBN 978-7-5142-4154-9

Ⅰ . ①高… Ⅱ . ①刘… Ⅲ . ①英语－教学研究－高等
职业教育 Ⅳ . ① H319.3

中国国家版本馆 CIP 数据核字 (2023) 第 214517 号

高职英语教学的理论与创新路径探索

刘 璇 著

出 版 人：宋 娜
责任编辑：任秀颖　　责任校对：侯 娜
责任印制：邓辉明　　封面设计：守正文化
出版发行：文化发展出版社（北京市翠微路 2 号 邮编：100036）
网　　址：www.wenhuafazhan.com
经　　销：全国新华书店
印　　刷：天津和萱印刷有限公司

开　　本：710mm × 1000mm 1/16
字　　数：200 千字
印　　张：11.75
版　　次：2024 年 1 月第 1 版
印　　次：2024 年 1 月第 1 次印刷

定　　价：72.00 元
I S B N：978-7-5142-4154-9

前　言

进入21世纪以来，高职教育在全国各地都取得了较大的发展，新成立了多所高职院校，成为同地方经济社会发展和人民群众利益联系最直接、最密切的高等教育。然而，随着高校的连年扩招，高职院校的生源质量却相对逐年滑坡，并且学生的教育经历多种多样，既有普通高中毕业生，又有来自中专、技校、职高的三校生，英语基础差异很大，这一现象在英语教学中学生的多层次性上显得尤为突出。掌握英语这门重要的交际语言在高职英语教学过程中显得日趋重要。英语素质在人才的素质中显得越来越重要，这给高职高专的英语教学也带来了严峻的挑战。我们必须从时代和国际竞争需要的高度来认识高职院校的英语教学所面临的新机遇和挑战，对高职英语教学的理论进行研究与创新，进而提高高职英语教学水平。

本书第一章为高职英语教学概述，分别介绍了高职英语教学的基础、高职英语教学的教育现状、高职英语教学的发展趋势；本书第二章为高职英语专业教育与学习理论，分别介绍了高职英语专业教育理论、认知主义学习理论、联结主义学习理论、建构主义学习理论；本书第三章为高职英语教学特征，分别介绍了高职英语与普通高校英语的差异、高职英语教育的应用性特征、高职英语教育的实践性特征、高职英语教育的具体意义；本书第四章为高职英语技能教学，分别介绍了高职英语听力技能教学、高职英语口语技能教学、高职英语阅读技能教学、高职英语写作技能教学、高职英语翻译技能教学；本书第五章为高职英语课堂混合式教学创新，分别介绍了高职英语课堂混合式教学概述、基于慕课的高职英语课堂混合式教学创新、SPOC混合式教学与高职英语教师话语特征、高职英语跨时空混合式教学与智慧课堂创新；本书第六章为高职英语教学方法创新，分别介绍了高职英语文化教学方法创新、高职英语词汇教学方法创新、高职英语语法教学方法创新、高职英语听力教学方法创新、高职英语口语教学方法创新、高职英语阅读教学方法创新、高职英语写作教学方法创新、高职英语翻译教学方法创新。

在撰写本书的过程中，作者得到了许多专家学者的帮助和指导，参考了大量的学术文献，在此表示真诚的感谢！限于作者水平有不足，加之时间仓促，本书难免存在一些疏漏，在此，恳请同行专家和读者朋友批评指正！

刘璇

2023 年 4 月

目录

第一章　高职英语教学概述……1
　第一节　高职英语教学的基础……1
　第二节　高职英语教学的教育现状……9
　第三节　高职英语教学的发展趋势……24

第二章　高职英语专业教育与学习理论……27
　第一节　高职英语专业教育理论……27
　第二节　认知主义学习理论……29
　第三节　联结主义学习理论……35
　第四节　建构主义学习理论……41

第三章　高职英语教学特征……55
　第一节　高职英语与普通高校英语的差异……55
　第二节　高职英语教育的应用性特征……59
　第三节　高职英语教育的实践性特征……61
　第四节　高职英语教育的具体意义……63

第四章　高职英语技能教学……67
　第一节　高职英语听力技能教学……67
　第二节　高职英语口语技能教学……76
　第三节　高职英语阅读技能教学……84
　第四节　高职英语写作技能教学……91

第五节 高职英语翻译技能教学 …… 100

第五章 高职英语课堂混合式教学创新 …… 109
第一节 高职英语课堂混合式教学概述 …… 109
第二节 基于慕课的高职英语课堂混合式教学创新 …… 129
第三节 移动网络环境下高职英语混合式教学模式创新 …… 132
第四节 高职英语跨时空混合式教学与智慧课堂创新 …… 135

第六章 高职英语教学方法创新 …… 147
第一节 高职英语文化教学方法创新 …… 147
第二节 高职英语词汇教学方法创新 …… 150
第三节 高职英语语法教学方法创新 …… 154
第四节 高职英语听力教学方法创新 …… 159
第五节 高职英语口语教学方法创新 …… 164
第六节 高职英语阅读教学方法创新 …… 167
第七节 高职英语写作教学方法创新 …… 171
第八节 高职英语翻译教学方法创新 …… 174

参考文献 …… 180

第一章　高职英语教学概述

本章主要介绍高职英语教学概述，主要从三个方面进行了阐述，分别是高职英语教学的基础、高职英语教学的教育现状、高职英语教学的发展趋势。

第一节　高职英语教学的基础

教学是通过一系列的外部事件来刺激、支持学习的过程，其目的在于促进学生的学习。为实现这目的，教师必须在教学中采取有效的教学策略，而很多教学策略往往是建立在有关的学习理论基础之上的。下面我们就对高职英语教学的理论基础进行详细的介绍。

一、高职英语教学的理论基础

（一）社会语言学

社会语言学是一门新兴的语言学分支，主要研究语言的社会本质和差别，以及影响它们的社会因素。由此可见，社会语言学将语言当作一种社会现象进行研究，并认为语言最本质的功能就是社会交际功能。美国社会语言学领域的专家表示，儿童是在社会化的过程中自然而然地习得母语的，他们不仅能说出符合语法和本族语习惯的句子，还能在一定的场合、情境中使用恰当的语言。交际能力是运用语言进行社会交往的能力，既包括语言能力，又包括影响语言使用的社会文化意识能力；既包括言语行为的语法正确性，又包括言语行为的社交得体性。这一理论，即“交际能力”理论。

总的来说，社会语言学主要研究语言与文化、职业等之间的关系，以及对语言在不同的社会环境及条件下的应用。社会语言学学派认为，人们在表达同一思想内容时所使用的语言会因为种族、民族、性别、年龄、身份、经济地位、文化程度及场合等方面的不同而产生很大的差别。例如：

Come here，John.（译文：来这里，约翰。）这是对熟悉、亲近的人说话的语气。

Come here please，Mr.Brown.（译文：请来这里，布朗先生）这是对年长的或不熟悉的人说话的语气。

Would you please come this way，Mr.White？（译文：怀特先生，请你往这边走好吗？）这是在较隆重的正式场合或引导外宾时说话的语气。

社会语言学的研究促使人们更加关注语言使用的得体性，同时也促使教育工作者更加重视培养学生得体地使用语言的能力。在此影响下，交际法应运而生。

（二）比较语言学

比较语言学又称“历史比较语言学”。具体来说，比较语言学就是将相关的各种语言放在一起进行共时比较，或对某一种语言历史发展的不同阶段进行历时比较，目的在于找出不同语言之间及同一语言的不同发展阶段之间在语音、词汇、语法上的对应关系和异同。简单来说，比较语言学着重研究两种语言（外语和母语）或同一语言的不同历史阶段的异同。利用比较语言学，一方面，人们可以研究相关语言之间结构上的亲缘关系，找出它们的共同母语，或了解各语言自身的特点，以指导语言教学；另一方面，人们也可以找出语言发展、变化的轨迹，以及导致这些发展、变化的原因。19 世纪，比较语言学的相关理论被广泛地应用于印欧语的语言研究，并取得了不小的成果。

比较语言学在高职英语教学中的应用，体现在比较教学法上。教师通过比较英语与汉语两种语言可以发现英语的特点及两种语言之间的差别，从而预测和分析学生在学习英语过程中可能会遇到的难点，并据此有针对性地确定教学内容、制订教学计划，从而为学生提供恰当的指导和帮助。

（三）结构主义语言学

结构主义语言学又称“描写语言学”，其最杰出的代表人物及奠基人是美国语言学家布龙菲尔德（Bloomfield）。结构主义语言学认为，语言是一个完整的结构体系，由层次不同但相互联系的语法结构、语言成分两部分组成。

结构主义语言学是在行为主义心理学的基础上形成的，它将语言学习过程视为一个行为形成的过程。行为主义学派认为，人的学习过程包括三个要素：刺激、反应和巩固。结构主义语言学也认同这一观点，并认为人们就是在反复刺激和反复巩固中逐渐学会一门语言的。

结构主义语言支持者十分重视口语技能。他们认为，在语言听、说、读、写四种技能中，学习者应该先学听、说，后学读、写。他们还认为，语言的学习顺序应该遵循语言描述的顺序，即语言学习应该首先从音素开始，然后依次是词素、单词、词组和句子结构。另外，结构主义学派认为，语言之间存在差异，因此教师应该熟悉外语和母语之间的异同，从而有针对性地编写适合本国学生的教材，并针对其中的不同点展开重点训练。

结构主义语言学派认为，外语学习的过程就是一个外语习惯养成的过程。外语教学也应该遵循这一原则，通过不断的、正确的刺激与反应逐渐取得良好的效果。所以，结构主义语言学派认为，学生在开始阶段就应该学习地道的语音、语调及正确的句型、语法。高职英语教学中的听说法就是以结构主义语言学为理论依据发展而来的，而句型操练就是这种教学理论的典型代表。

相对于传统语法学派而言，尽管结构主义语言学对语言的研究已经有了不小的进步，但受行为主义心理学的影响，他们将语言行为描述成刺激—反应—巩固的过程，使人的语言在功能上等同于动物的呼叫，这就显得十分荒谬。因此，结构主义语言学派长期以来也一直饱受质疑和批评。

（四）行为主义学习理论

行为主义学习理论兴起于20世纪50年代的美国，代表人物是华生(J.B.Watson)和斯金纳（B.F.Skinner)。他们假设行为是学习者对环境刺激所做出的反应，将环境视为刺激，将伴随而来的行为视为反应，认为所有行为都是习得的。[①]

行为主义学习理论对外语教学有着重大影响，这些影响在实际的高职英语教学中随处可见。例如，课堂教学中的句型操练、测试，教师通过表扬来鼓励好的行为、通过批评来制止不好的行为等，都体现了行为主义学习理论的观点。另外，教师通过某种干预试图改变学生的行为，帮助学生学习知识、发展技能，并测评

① 人人文库．第四节教育学与心理学的关系[EB/OL].（2022-07-23）[2023-03-11].https://www.renrendoc.com/paper/215509665.html.

学生的表现，这些同样是受到行为主义学习理论影响的结果。

行为主义学派认为，学习是一个不断尝试错误的过程，也是一个习惯养成的过程。语言学习需要通过一系列的步骤逐渐达到，而在这个过程中学生需要经历多次尝试、失败和修正。另有学者认为，学习可以在没有意识参与的情况下自动形成刺激—反应联结，通过反复训练，学生就会对特定的刺激产生习惯的反应。语言学习同样可以通过无意识的反复训练来掌握语言知识和语言技能。

行为主义学习理论还强调，行为同样可以对环境产生影响，而环境的改变反过来又会影响学生未来的行为。例如，学生可能因为受到表扬而继续某种行为，也可能为了避免某种惩罚而停止某种行为。因此，在高职英语教学中，教师对学生表现的反馈十分重要。

（五）人本主义心理学

人本主义心理学兴起于20世纪60年代的美国，该领域的学者认为，教育的作用只是为学生提供一个充满人情味的心理环境，给学生以辅助，从而使学生固有的优异潜能得到发挥。

人本主义心理学强调的是人们自我指导、自我发展和自我实现的过程，其在教育思想上的反映就是倡导认知与情感的统一，主张以学生为中心，建立良好的师生关系，营造一种宽松的学习氛围。教学中要以学生为中心，教师只是学习的促进者、协作者，或者说话伙伴、朋友，而学生才是学习的关键，学习的过程就是学习的目的之所在。由此可见，相对于教学内容和教学结果而言，人本主义更重视教学过程和教学方法，并认为教学的目标是促进学习。

人本主义心理学的有关理论对20世纪70年代的教育思想有着极为深刻的影响，能够反映其理念的教学方法有沉默教学法、暗示教学法、全身反应法和社团教学法等。

（六）乔姆斯基的语言学理论

乔姆斯基（Chomsky）主要研究的是语言能力，而非语言的运用，其有关语言能力的转换生成语法理论的研究对象就是“被理想化了的说话人和听话人的语言知识”。根据乔姆斯基的观点，语言理论的主要任务是向人们提供语法选择的标准，生成语法就是这样的语法理论。生成语法理论的中心思想是：某种语言的语法应可以生成所有的句子；语言运用是使用某种语言的具体行为，而语言能力则是说该语言的人对这种语言的内在认识；语言能力是一种创造过程，特别强调了语言的创造性。

一般而言，语言能力和语言运用之间没有必然关系，语言运用并非语言能力的直接反映。乔姆斯基的语言理论与索绪尔（Saussure）的语言理论有一定联系。不同的是，索绪尔的语言理论主要区别的是语言与言语的关系，而乔姆斯基的语言理论主要区别的则是语言能力与语言运用的关系。

（七）皮亚杰的发生认识论

发生认识论是由瑞士语言学家皮亚杰最早提出的，它是一种关于认识论的理论。该理论的依据是以皮亚杰为代表的日内瓦学派对儿童心理发展的研究和其他学科有关认识论的研究。发生认识论试图以认识的社会、历史根源，以及认识所依据的概念和“运算”的心理起源为依据来解释认识，尤其是科学认识。

发生认识论是皮亚杰心理学的核心理论。该理论主要研究人类的认识，包括认知、智力、思维、心理的发生与结构，且该理论认为，无论一个人的知识多么高深、复杂，都可以追溯到他的童年，甚至是胚胎时期。因此，人出生以后如何形成认识、发展思维，受哪些因素制约，各种不同水平的智力及思维结构是如何先后出现的等问题都值得研究。

（八）斯温的输出假设

根据加拿大法语沉浸式教学结果，斯温（Swain）提出了输出假设。该假设认为，要想实现语言习得，语言输入是必要条件，但并非充分条件；要使学生达到较高的外语水平，除了需要可理解的输入，还需要可理解的输出。学生必须充分利用现有的语言资源，通过积极的思考使输出的语言更恰当、准确和容易理解。只有这样，学生才能不断提高语言表达的流利程度，并意识到自己在语言使用中存在的问题。因此，在外语教学中，教师应该为学生提供足够的使用语言的机会，增强学生使用语言的流利性和准确性。

（九）错误分析理论

20 世纪中后期兴起了对第二语言和外语学习者错误研究的趋势。这种研究主要通过比较学生的母语和目标语这两种语言来探求它们之间的异同。

1967年，英国应用语言学家科德（Corder）在其发表的论文中首次提出了错误分析理论，系统地分析了学生在学习过程中的错误，确定了这些错误的来源，并为消除这些错误提供了重要依据。

错误分析理论认为，学生学习外语就像儿童学习母语一样，首先对目标语做出各种假设，然后不断在语言接触和交际使用的过程中检验这些假设。在此过程中，错误是不可避免的，同时也是十分必要的。因为错误反映了学生对目标语所做的假设与目标语体系不符，这就会引起学生的格外注意，并有针对性地进行纠正。通过观察、分析这些错误，教师可以了解学生如何建立假设并检验它，了解外语学习者学习的方法及对目的语的熟悉程度。

错误分析理论的提出，使人们能够用更客观、理性的态度看待错误，使人们认识到错误不是可耻的，而是能对语言学习产生重要导向作用的。随着语言学的不断发展，语言学家对错误分析理论的研究必将逐渐深入，在不断地研究中进一步充实和完善它，使其对外语教学产生更大的指导作用。

二、高职英语教师的现状

（一）非师范类院校毕业背景的教师很多

教师的最后毕业院校是否是师范院校反映在高职师资队伍建设中一个突出的问题是，高职院校中存在很多非师范类院校本科或者研究生毕业生，在学校读书期间没有接受任何形式的关于教学方法的培训，没有进行系统的教育心理学课程和教育理论的学习，没有教育实习经验，毕业后就到职业技术院校任教。他们到了英语教学岗位，教学活动大多凭自己感觉，凭自己摸索，实施教学。因此，职业技术院校在师资队伍建设中面临一个重要的任务，就是建立针对年轻教师“传、帮、带”机制，帮助年轻教师熟悉并掌握英语教学规律和特点。

（二）很多教师教学经验丰富，实践经验较欠缺

从企事业单位引进有实践经验的英语人才，是职业技术院校英语专业建设“双师型”英语教师队伍的有效措施。随着教师职业准入制度进一步完善和深化，这部分教师的数量必将越来越多。

高等教育大众化和社会对应用型复合人才的需求必然导致我国高等职业技术教育的快速增长，职业技术学院英语教育也将会高速发展。伴随着英语教育规模的进一步扩大，师资队伍建设问题也日益突出。从目前职业技术院校英语教师的来源上看，主要是招聘普通高等院校毕业的本科生、研究生和企事业单位具有实际工作经验的英语专业人员，有一些经济实力比较强的院校会通过特殊政策吸引博士研究生，还有就是通过聘请的兼职教师。加强英语师资队伍建设，应尽快提高这些专职教师的职称、学历、教学水平和科研水平及实践能力，使他们快速适应职业技术英语教育需要和教学要求。

三、高职英语教学的焦点

过去10年高职英语教育在教学理念、教学模式等方面都有所创新，它目前关注的三大焦点问题是：以话题为核心；使用原版语言；满足学习需求。

（一）以话题为中心

高职英语教育主张以话题，而非语法项为基准选用教学材料，内容更适合高职学生学习，可以激发其兴趣，使学生具有使用新的语言去成功做事的自信。课堂实践是一些打破语法系统的、以话题为中心的阅读和实践活动，话题内容不再是对基于语法内容的课程的点缀和补充，而且语法学习须与话题相关联，由话题决定。

（二）使用原版语言

慎重、有效地将原版材料引入课堂，是高职英语近年来的发展趋势之一。有人担心使用原版语言会给学生增加学习难度，平添畏难情绪；也有人相信，有些词汇和语法项本来就难学，所以应先学。实际上，分级课文比原版课文给学生带来更多的麻烦，而人工语言课文并不能给学生提供真实的英语交际模式，它缺乏自然的语言冗余，剥夺了学生理解的多重暗示。分级语言和人工语言很难能有效地提高学生的语言能力。

（三）满足学习需求

高职英语教育应考虑到学生的语言、认知和情感差异，帮助他们作出相应调整。同时，也要满足了其职业和个人兴趣的要求。

首先，语言差异。由于学生个体图式知识的差异，不同学生在语言特征、词汇、语法学习方面存在学习顺序及内容取舍等方面的差异。此外，有些学生习惯使用图式知识去推断意义，即猜测；有些对模糊的容忍程度低，对陌生语言的处理策略少，更惯于求助教师、语法书和词典去证实自己的假设，他们更喜欢记忆法。

其次，认知差异。在认知层面上，学生有不同的学习风格，如有的人视觉信息接受能力强，有的人听觉学习效果好；有的人善于演绎，有的人长于归纳；有的人注重整体，有的人偏好局部；有的人善于发现共通点，有的人善于比较不同点；有的人按顺序处理信息，有的人按平行处理信息等。一个课堂上的认知差异是无穷的，每一种学习风格都和学习策略有关，每个学生对任何一种教学策略的反应都是不同的。熟悉教学策略，又了解学习风格的教师有得天独厚的优势，能帮助学生更好地学习原版专业材料。变换讲解演示方式是应对不同学习风格的基本策略之一。莫汉推出了一种将“经验法”和“说明法”相结合的教学方法，前者指角色扮演、讨论、演示与操母语者交往等，后者包括讲座、读物、讨论及演示等。

最后，情感差异。大多数学生在学习原版材料和真实案例取得成功时都会很激动，有一部分学生喜欢看翻译过后的资料，对于原版资料则是并没有太大的兴趣；有的学生习惯群体学习；有的学生习惯独自学习；有的学生渴望得到别人的关注，当错误被纠正之后会比较开心，及时改正；有的学生则是不喜欢自己的错误得到纠正，当错误被别人指出会感到不悦，等等。教师应随时观察和分析学生的情感需求，争取保持克拉申所说的“低情感过滤者”作用。

在决定教学内容时有学生的参与会使教学效果更好。学生参与选择话题和教学活动可使其有更好的学习动机，课程能更好地满足学生的需求。而且，学生被采纳的主题和实践活动营造了一种学生主动学习的氛围，更加调动学生学习的积极性。

第二节　高职英语教学的教育现状

一、高职英语基础知识教学的现状

（一）语音教学的现状

1. 语音教学的内容和任务不够全面、系统

少数英语教师误以为语音教学就是教字母、单词读音、国际音标。事实上，这种观点反映了其对语音教学内容的认识缺陷，因为语流、语调、重音等同样是语音教学的重要内容。有的高职英语教师只关心前面几项内容，而忽视了后面几项内容，这就很容易造成学生发音、拼读尚可，但语调不过关、语流不畅，最后导致学生读不清楚、说不明白，甚至会因为语调使用错误而引起他人的误解。因此，高职英语语音教学不能只停留在单个音素和单词读音的层面上，还应在音长、重音、语调、停顿、节奏等方面对学生进行重点训练。

总的来说，在语音教学中，教师必须使学生具备以下 6 种能力。

（1）能够听音、辨音和模仿语音。

（2）能够将单词的音、形、义联系起来，并迅速做出反应。

（3）能够按照发音规则将字母及字母组合读出来。

（4）能够迅速地拼读音标。

（5）能够将句子的读音和意义直接并快速地联系起来，从而形成通过有声言语进行交际的能力。

（6）能够流利地朗读诗歌、文章。

2. 对语音教学的认识仍需提高

对语音教学的认识不足主要表现在两个方面：对语音教学的重视不够、缺乏对语音教学长期性的认识。

（1）对语音教学的重视不够。作为语言存在的基础，语音是高职英语教学中的重要组成部分。可以说，世界上所有的语言不一定都有文字形式，但一定有各自的语音。因此，高职英语语音教学应该是整个高职英语教学发展的起点。然而在实际教学中，一些教师对语音教学并不重视，这一点主要表现为对学生的发

音问题（如浊辅音发成清辅音、短元音发成长元音等）不认真纠正就放过，致使学生的语音基本技巧不纯熟，无法快速地将字母和语音联系起来，达不到直接反映的水平。总之，对语音教学的重视不够直接导致了学生发音不准、语流不畅、语音不地道等问题。

（2）缺乏对语音教学长期性的认识。少数教师和学生认为，语音作为一项基础知识，只存在于高职英语教与学的初级阶段，高级阶段无须再开展语音教学，这种观点是不正确的。事实上，语音教学应该贯穿于整个高职英语教学之中。由于这一部分常被教师忽视，学生的语音越来越差，高年级学生的开口能力和习惯反而不如低年级学生。这些问题的产生都和教师对语音教学的长期性认识不够有很大的关系。语音是一种技巧性能力，“久熟不如常练”，语音的学习也需要经常练习。教师不仅要指导学生练习，还要不断地进行纠音和正调。需要指出的是，高职阶段的英语语音教学不必将重点放在孤立的发音上，可将语音教学融入语法、词汇、句型、课文教学，以及听、说、读、写训练之中，结合语境才能更好地使学生的语音水平得到提高。

3. 教师语音有待提高

教师作为学生学习的榜样，其发音的准确、地道与否都直接影响学生对语音的学习。然而，由于地区差异等，少数高职英语教师自身也存在发音不准确的问题，这在高职学校中表现得较为明显。还有一些高职英语教师不分英式发音和美式发音，这在我们看来似乎没什么，但英语本族人对英式发音和美式发音却比较敏感。要想解决这些问题，一方面，教师必须自觉地提高英语水平，进行一定的专门发音训练；另一方面，教师也可以通过使用数码产品等教学工具来保证语音的准确性，并使每名学生都能听得清楚，然后根据数码产品纠正自己的发音、语调等问题。

4. 学生语音练习机会需增加

高职阶段的语音教学不像初学英语时那样，教师会用专门的几节课讲授语音知识。非英语专业的高职英语教学并无专门的语音课，语音是和其他语言知识与语言技能一起进行综合教学的。平均下来，教师分配给语音教学的时间很少，而用于语音练习的时间就更少了。这是英语语音教学中的一个显著问题，也是学生英语语音学习效果不佳的一个重要原因。要想解决这一问题，首先，要坚持听音在先，听清、听准、听够，然后再模仿发音或读音；其次，教师可在纠正语音的时候讲一些语音知识和练习诀窍，如设计单音成组比较练习，音调、词调、句调结合练习，或英汉语音对比练习等。此外，对学生语音学习中普遍存在的问题，教师应有针对性地对学生进行“发声”指导，予以纠正。

（二）词汇教学的现状

1. 教学方法有待提高

词汇是学生最常学习的内容，也是学习中最头疼的部分。很多学生都存在记得快、忘得也快的问题，总是死记硬背单词。但是常常因为太过枯燥、乏味而半途而废。这一现状与教师词汇教学的方法不无关联。目前，仍有少数教师依然采用传统的教学方法，即“教师领读—学生跟读—教师讲解重点词汇用法—学生读写记忆”。这种教学方法单调、乏味，学生处于被动的学习地位，这无疑加剧了学生对词汇学习的抵触情绪，教与学的效果都不会太好。对此，教师必须重视词汇教学方法的更新，要采用多样、有趣的词汇教学方法来调动学生的积极性，提高学生学习词汇的兴趣。例如，教师可以利用实物、图片、肢体语言、多媒体等教具来呈现和讲解词汇，而不是一味地用黑板呈现。这样有助于吸引学生，引起他们的学习兴趣。

2. 学生的主体地位不够突出

学生是学习的主体，其自身的各项因素都直接决定了学习的效果。现代教育观认为，只有突出学生的主体地位，教学才能收到令人满意的效果。然而，这种主体地位在实际的高职英语教学中未得到很好的体现，词汇教学也不例外。词汇教学本应注重对学生智力的开发，重视对学生的观察力、记忆力、想象力、思维能力及创造能力的培养。而现实状况是，少数教师仍然采用“填鸭式”教学，将词汇的发音、意思、搭配等知识灌输给学生，也不管学生需不需要、有没有兴趣，导致词汇教学效果不佳。

实际上，学生进入高职阶段，大多有了一定的英语词汇基础，且有能力对相关的词汇规律进行归纳和总结。因此，教师不应继续“独揽霸权”，而应发挥引导作用，使学生逐渐能够独立思考和总结，发现词汇规律，掌握词汇学习的方法，这样才能使学生的词汇学习事半功倍。

3. 与实际生活的联系不强

人们往往更加关心自己熟悉的、与自己有关的事物，因此教师也应将词汇与学生生活联系起来，以激发学生更大的学习兴趣。然而，还有少数教师仍然采用黑板和口头讲述单词，词汇与实际生活的联系也十分微弱。教师如果不能使词汇教学与学生的实际生活联系起来，就难以激发学生的词汇学习兴趣，也就无法因材施教。

为解决这一问题，教师必须注意词汇教学与学生生活的联系。例如，教师可将所授词汇放在一个真实的语境中来呈现或讲解，也可以适度扩展一些学生感兴趣的词汇，还可以补充一些和所教词汇相关的课外内容。学生只有看到词汇的实用性，才会产生强烈的学习动机，其学习效果才会更好。

4. 词汇学习的系统性有限

英语词汇虽然多达上百万，看起来杂乱无章，实则是有规律可循的。因此，教师应该按照一定的系统来开展词汇教学。教师把握好这种系统性，有助于加强词汇之间的联系，从而提高词汇教学的效率和效果。教师可以将词汇教学纳入知识系统学习的轨道，用专门的知识系统来引领和组织英语词汇学习。例如，教师可定期按照一定的标准（如相同主题、反义关系、相同语境等）对所学词汇进行归纳与总结，使学生对所学词汇形成一个系统的认识，从而加深理解和记忆。

（三）语法教学的现状

1. 教学方法不够全面

高职英语语法教学方法单一的问题，体现为大部分教师只使用“先讲语法规则，后做练习”的教学方法。这种教学方法使学生处于被动的接受地位，无法调动学生学习的积极性。学生听的时候似乎明白了，但用的时候又倍感困惑，尤其是当几个语法现象共同出现的时候，学生往往就会不知所措。因此，面对复杂而繁多的语法条目，教师务必要注意教学手段的多样性，深化学生对语法条目的理解和记忆，使学生学会使用语法，而不是单纯地背诵语法规则。

2. 教材与大纲不够及时

教材是课堂教学的依据。教材的更新对教学目标的实现、教学方法的选用都有很大的影响。随着社会的进步和发展，社会对高职毕业生的要求也日益提高，不及时更新语法教材显然不能满足学生充分交际的要求。它一方面束缚了教师的发挥，另一方面也限制了学生的实际应用能力。因此，作为教学依托和指导的传统语法教材应由交际语法教材取而代之。交际大纲的目的是使学生能够运用语法发展交际能力。交际能力主要包括以下 5 个方面：

（1）语言。交际教学语法。

（2）功能。询问信息，发表意见，发出命令，等等。

（3）语境。掌握在任何语境都能正确而自如地表达和沟通的能力。

（4）把握交际者之间的关系、社会地位、身份、性别、心理因素等。

（5）社会文化知识。国外有许多外语教材要求将传统语法大纲与功能意念大纲、情境大纲、结构大纲结合起来，使之与语法部分相关的练习建立在语境中。

3. 语法教学受重视程度不高

语法教学一度在我国高职英语教学中占据核心地位。有人认为，学生从小学就开始学语法，到高职阶段语法学习已基本完毕，无须重复。还有人认为，试卷中考查语法的题目较少，分值比重也很少，不值得花费太多的精力去学习。因此，语法教学又一度“失宠”。事实上，前面的两种观点都是失之偏颇的。

针对第一种观点而言，语法学习时间的长短和学习内容的多少、学习效果的好坏并无必然联系。学生学习时间长并不代表学到的就又多又好，即使学生接触到了所有的语法项目，也并不意味着他们能够理解所学语法项目的全部用法。中学阶段的很多语法项目有时并不适用于高职阶段遇到的一些语法现象。例如：

If it should fail to come, ask Marshall to work in his place.

译文：如果它不来，请马歇尔代替他工作。

本例看似眼熟，按照中学学过的语法知识，条件状语从句的使用要求是“从句用一般现在时，主句用一般将来时”，但学生若照此来解读上述句子就会无法理解。事实上，“if 条件句”在本例中的用法是，不管主语的人称和数如何，从句动词一律采用“should+ 不定式”的形式，而主句动词则可根据语义意图采用不同的形式。其中，“should”表示一种不太肯定的婉转口气，并不影响条件的真实性。

由上例可见，尽管很多语法项目看似学过，但往往包含了多种用法和意义。这些用法和意义显然学生无法在英语学习的初级阶段全部学到。学生如果不能深入、持久地学习和更新语法知识，就很难理解那些看似熟悉的语言现象。

针对第二种观点而言，这种观点本身就是错误的。尽管英语考试中直接考查语法的题目所占分值不高，但作为语言构成的基础，任何句子的构成、分析和理解都离不开语法。听、说、读、写、译，无论哪一部分，若没有扎实的语法基础，学生就可能听不懂、说不对、看不明白、写不出来、翻译错误，甚至翻译不出来。因此，英语测试对学生语法的考查其实贯穿于考试的始末。

4. 学生语法运用能力有限

学生对语法的运用能力差，主要表现在语法知识的掌握和交际技能的运用之间存在落差。长期以来，传统的英语教学过分注重对学生语法知识的传授，即使到了高职阶段，英语教学也仍以传统的教学方法来进行，以“讲授语法知识—操练句式—句型及翻译练习”为主，通过反复模仿来巩固学生的英语基础知识。因此，学生最后虽然掌握了语法知识，语法规则背得头头是道，却并不具备语法能力，在实际运用中错误百出。

另外，还有些教师认为，课堂上的语言训练（如按课文内容进行回答或对话练习等）就是在培养学生的交际能力。事实上，这些口头和笔头语言练习并不等于培养交际能力。交际能力需要在真实的语境下发生，而不是已基本限定了答案的问答和对话练习。

二、高职英语技能教学的现状

（一）听力教学的现状

1. 教学模式不够系统化

听力教学的机械化表现为教学模式程式化，即少数教师采用“听录音—对答案—教师讲解”的模式开展听力教学。这种模式下的听力教学，不仅缺乏对学生的有效监督，还忽视了学生对语篇的整体理解，只是毫无目标地、机械地播放录音，一遍不行就放第二遍、第三遍，教师盲目地教，学生盲目地听，而且听的时候也不认真，听完就等着对答案、听讲解，并没有强烈的学习动力。

2. 听力时间较短

听力水平的提高需要大量的练习做保障，但很多学生课下就将学习抛在脑后，很少主动练习听力，因此听力学习的时间主要集中在课堂上。然而，非英语专业的高职英语听力教学并未独立出来，而是和其他内容一起教授，一节课的时间有限，不可能全部用于听力，因此学生能够听的时间其实很少。而听力作为一种综合性技能，它的提高并非一朝一夕能够实现的，这就使学生的听力水平难以提高。

3. 教材更新不够及时

教材对教学活动的组织安排具有很大的指导作用。好的听力教材不仅可以提高学生的文化素质，还可以开阔学生的视野。但是，目前在高职学校中，英语听力的教材呈现出更新不及时的现象，学生们所学习的听力教材往往是很多年前的旧版本教材，它并没有随着时代的发展而不断地更新，与现在社会相脱节，这就会减弱学生的代入感与兴趣，不利于学生的英语听力的学习。

4. 学生听力基础薄弱

学生方面存在的问题主要是听力基础薄弱、畏惧听力。造成这一现状的原因主要有以下 3 点。

（1）英语基础功底差。很多学生即使到了高职阶段，所掌握的词汇量、语法仍然十分有限，对语音的识别能力还很欠缺。

（2）不良的听力习惯。有些学生喜欢逐字逐句地听，一旦听到不熟悉的单词就卡住了，影响了听后面的内容。还有些学生思想不集中，听着听着就走神了，听的效果也不好。

（3）缺乏必要的文化背景知识。听力材料中不可避免地会包含一定的文化信息，而学生对英语国家的历史文化、自然地理、风土人情、思维方式、行为习惯等不了解势必会影响听的效果。

以上这些问题都使听的效果大打折扣，久而久之，学生就会对听力产生畏惧心理。

（二）口语教学的现状

1. 口语表达能力有限

长期以来，我国的高职英语教学将大部分注意力都放在了语法和阅读教学上，这就导致教师对口语教学的关注不够，口语教学的方法也并未得到及时更新。“讲解—练习—运用”是我国高职英语口语教学的常用方法。这看起来并无不妥，但实际上却将学生置于被动的接受地位。学生在没有语境的情况下做大量机械的替换、造句等练习，根本无法有效地提高口头表达能力。

2. 课时过短

和听力教学一样，口语教学也并未被独立出来进行专门教授，这就意味着口语教学的时间很难得到保证。然而，口语能力的提高通常需要花费大量的时间，进行大量的实践，而教学时间的不足直接制约了教学效果的提高。

高职院校学生的英语水平参差不齐，每个班级若按45人计算，那么即使分配给口语课两个小时，每名学生接受的训练也十分有限。教学时间的不足是高职英语口语教学的“硬伤”，直接导致了学生的口语能力低下。

3. 配套教材同步不及时

适用于非英语专业的高职高专英语口语教材相对少见。大多数英语教材都将口语训练当作听力训练的延展而附在听力训练之后，且内容简短、缺乏系统性。这就很容易使教师和学生轻视口语的教与学。尽管市场上也有一小部分口语教材，但实用性不佳。这些教材要么是专门针对某一专业、领域的口语教材，难度太大；要么是有关简单的问候、介绍、谈论日常用语的教材，过于简单。

4. 学生口语能力、心理承受能力不高

学生在学习英语口语时，难免受汉语思维的影响，会存在各种各样的问题。比如，有的学生发音不准，影响了语义的表达；有的学生带有地方口音，听起来很别扭；有的学生不能正确使用语调、重音等，影响口语表达的标准性，甚至改变了发话人的本意。另外，由于缺乏练习，学生也很难将学到的词汇、语法用在口头表达中，因而造成无话可说或不知如何去说的尴尬局面。即使日后意识到了口语的重要性，也总是心虚、不自信。虽然有些学生的口语能力不像他们想象得那么差，却仍然不愿意开口说英语。即使有一小部分学生愿意口头交流，也总是带有紧张不安的情绪，担心自己说错被批评、被耻笑。这些负面情绪对学生口语水平的提高影响极坏。

（三）阅读教学的现状

1. 教学观念未能及时更新

阅读教学一向是高职英语教学的重点。尽管如此，高职英语阅读教学观念却存在以下两个误区。

（1）将阅读教学混同于词汇教学、语法教学。少数教师过分重视语言知识的传授，抓住一个单词、语法点大讲特讲，阅读教学呈现“讲解生词—逐句逐段分析—对答案”的定式，忽视了学生对语篇的理解、从语篇中获取信息能力的培养。造成这一问题的根本原因就是阅读教学观念没有得以及时更新。教师对阅读教学的目标认识不清，导致阅读教学成为语法教学、词汇教学，学生的阅读能力并未得到提高。

（2）将阅读速度等同于阅读能力。少数教师认为，阅读速度加快了就意味着阅读能力提高了，并据此开展教学活动。事实上，这一观点是错误的。有些学生虽阅读快，但理解能力也可能不佳；有些学生阅读很慢，但可能理解得很好。因此，阅读速度和阅读能力没有必然关系。阅读速度应根据阅读目的来确定，配合一定的阅读技巧来实现。例如，若只需掌握文章大意，就可采用浏览的方式来阅读，不必字字细读；若要掌握某个细节事实，就应先浏览，确定所需信息的位置，然后细读该部分。

2. 教学方法未能及时更新

高职英语阅读教学方法的落后体现在，“教师布置阅读任务—学生阅读并做题—教师对答案、讲解”的教学模式已经成为定式，被一些教师不加考虑地一再沿用。这种教学方法的应试性比较高，但却十分死板，导致学生的阅读习惯、阅读技巧等均得不到培养，主体地位得不到突出，主观能动性得不到发挥，学习兴趣更得不到培养，阅读教学的效果可想而知。

3. 课程设置不够合理化

少数学校、教师错误地认为阅读教学是高职英语教学的附属品，因而对阅读课程教学目标、教学计划的设计不甚在意。阅读教学的课时、课程设计、师资力量及教学组织得不到保证，直接影响了阅读教学的效果。

另外，少数高职院校在大一只给精读安排很多课时，而泛读则几乎没有。这种重精读、轻泛读的现象，加剧了教师和学生对阅读的误解（学习词汇、语法知识），而由泛读培养起来的阅读技巧则得不到任何发展。这显然使阅读教学误入了歧途。

（四）写作教学的现状

1. 重模仿，轻创作

高职英语写作教学中最显著的问题就是重模仿、轻创作。尽管模仿是写作教学的起始状态，也是学习写作的必经阶段，对英语写作具有很好的促进作用，但模仿却并非写作的最终状态。模仿虽然能够提高学生写作学习的效率，但过度的模仿并不利于学生写作能力的培养。写作是一种创造过程，从构思、行文到修改，无不体现着作者独特的个性、渗透着作者的思想。因此，写作的意义和价值是由作者创造出来的，盲目地模仿不仅会使作文千篇一律、丧失个性，同时也会阻碍学生创造力的发挥，影响学生对写作学习的兴趣与热情。

2．配套教材未能同步

从市场上现存的高职英语教材来看，大部分都是集语音、词汇、语法、听、说、读、写、译于一体的综合性教材，虽然几乎每个单元都会涉及写作的练习，但每个单元的写作练习缺乏教师的系统指导。学生多是根据教师布置的作文题目盲目地写，应付了事。

3．作文批改不够全面

作文批改是高职英语写作教学中的一个重要却很容易被忽视的环节。少数教师在批改作文时，将重点放在纠正拼写、词汇及语法等方面，而忽略了对学生作文结构、行文思路、逻辑关系等方面的批改。这就使学生过分追求写作时的语言正误而忽视了对文章结构、逻辑层次的把握。

另外，有的教师在最后的批语中一味指责学生写作中的错误，缺少鼓励，很容易降低学生写作的主动性，导致他们消极应付，望而生畏，对自己写作中出现的错误不能很好地改正。

4．学生的语言质量不过关

从词法、句法上看，学生写作时最常出现的问题就是语法错误多（如用词有误、搭配错误和拼写错误等），用词、用句不规范（如缺主语、人称不一致、主谓不一致、时态不一致、悬垂句、中国式英语等）。下面笔者结合实例进行介绍。

（1）语言方面的错误

①人称、数的错误。例如：

We went to our cabin for a quiet weekend,but it was anything but quiet. The moment we got there,we found that someone had ransacked our cabin. I didn't know what to do because my cabin is miles from anywhere,and you don't have a phone in the cabin.（错误示范）

应改为：We went to our cabin for a quiet weekend,but it was anything but quiet. The moment we got there,we found that someone had ransacked our cabin. We didn't know what to do because our cabin is miles from anywhere,and we don't have a phone in the cabin.

（译文：我们去我们的小屋度过了一个安静的周末，但那里一点也不安静。我们一到那里，就发现有人洗劫了我们的小屋。我不知道该怎么办，因为我的小屋离任何地方都很远，而且小屋里没有电话。）

People look for satisfaction in his life. They want to be happy. But if he seeks only pleasure in the short run,the person will soon run out of pleas ure and life will catch up to him. They need to pursue the deeper pleasure of satisfaction in work and in relationships.（错误示范）

应改为：People look for satisfaction in their life.They want to be ha-ppy. But if they seek only pleasure in the short run,people will soon run out of pleasure and life will catch up to them. They need to pursue the deeper pleasure of satisfaction in work and in relationships.

（译文：人们在他的生活中寻找满足感。他们想要快乐。但如果他只在短期内寻求快乐，这个人很快就会失去快乐，生活就会追上他。他们需要在工作和人际关系中追求更深层次的满足感。）

②相近词（包括词义、词形相近）使用错误、词性错误。例如：

She is anger.（错误示范）

应改为：She is angry.（译文：她生气了。）

My mother is kindly.（错误示范）

应改为：My mother is kind.（译文：我的母亲很友善。）

I had a happiness time.（错误示范）

应改为：I had a happy time.（译文：我度过了一段快乐时光。）

My family life is hardly.（错误示范）

应改为：My family life is hard.（译文：我家生活艰难。）

All of my family is very happing.（错误示范）

应改为：All of my family is very happy.（译文：我的所有家人都很高兴。）

I fell grateful of my mother.（错误示范）

应改为：I feel grateful to my mother.（译文：我很感激我的母亲。）

（2）句子的时态、语态运用不当

英语中的时态和语态会改变词语的形式，而汉语不会。因此，学生在英语写作中，经常会出现时态和语态错误。例如：

We are lived a quiet life.（错误示范）

应改为：We are living a quiet life.（译文：我们过着平静的生活。）

If not I must go to university. I may leave my family never.(错误示范)

应改为：If I did not go to university,I would never leave my home.(译文：如果我不上大学，我就永远不会离开我的家。)

If without them,I will be not so happily and healthy.（错误示范）

应改为：Without them,I would not be so happy and healthy.（译文：没有他们，我就不会那么快乐和健康。）

My parents worked in the fields and we are very happy.（错误示范）

应改为：My parents worked in the fields and we were very happy.(译文：我父母在田里干活，我们很高兴。)

（3）中国式英语

“中式英语”是英语写作中普遍存在的现象。受母语词汇的构成和词的含义的影响，学生在找不到合适词的情况下，常常会自己生造词汇，如用“hand heart”来表达“手心”，用“air girl”或“sky girl”来表达“空姐”等。再如：

He put all of hope on me.（错误示范）

应改为：He places all his hopes on me.（译文：他把所有的希望都寄托在我身上。）

In spite of we never always in together,we get on well with each other.（错误示范）

应改为：Though we seldom get together,we get on well with each other.（译文：虽然我们很少聚在一起，但我们相处得很好。）

有时，语言表达的问题会直接影响作文的可读性，严重可能会使读者不明白作者想要表达什么。例如：

I am fond of listening to music,specially popular music such as *Yesterday Once More*. I studied the song in the middle school. I always enjoy it. Of course,music not only is melody pleasant. And also I found music treats people important role. For example...（译文：我喜欢听音乐，特别是流行音乐，比如《昨日重现》。我在中学时学过这首歌。我一直很喜欢。当然，音乐不仅旋律优美。而且我发现音乐对人有重要作用。例如……）

这段话明显地反映了学生表达的汉语思维，读起来十分别扭，不知所云。

（五）翻译教学的现状

1．教学方法不够系统化

在教学实践中，翻译教学方法缺乏科学性、系统性，很多人把翻译教学等同于英语教学，使用语言教学的模式讲授翻译，重视技法讲解，轻视实践训练，把大量的时间和精力用于讲解词汇、纠正语法和语言惯用法错误等方面，多采用讲解技法与单句练习的教学方法。这种教学方法的问题在于，不能根据学生的具体情况和专业培养目标，有效地运用翻译理论指导学生的翻译实践，只是单纯地教会学生如何具体翻译词汇、句子、段落以及篇章。这种方法不利于学生对于翻译的系统性学习，不利于学生良好翻译习惯的培养，容易使学生养成不良的翻译习惯，难以达到较好的教学效果。

2．重视程度不强

相对于听、说、读、写而言，高职英语教学对翻译的关注程度相对较低。这主要体现在以下 5 个方面。

（1）在高职英语翻译教学中，教师大多不关注翻译基本理论、翻译技巧的传授，而仅仅是将翻译作为理解和巩固语言知识的手段，将翻译课上成另一种形式的语法、词汇课。

（2）针对时间而言，教师花在翻译教学上的时间很少，通常是有时间就讲，没有时间就不讲，或只当家庭作业布置下去，由学生自己学习。

（3）在学生做完翻译练习后，教师大多将参考译文呈现出来了事，最多再讲解一下其中用到的句型、关键词，缺乏对学生翻译技巧的传授和翻译能力的培养。

（4）高职英语教学大纲中对翻译能力培养的要求不具体。

（5）高职英语考试中虽然包含翻译试题，但其所占的比重远远不如阅读、写作等。

3．学生翻译学习中问题颇多

学生在翻译学习中的问题主要包括心态不正、使用方言和口语词汇、逐字逐句翻译、语序处理不当、翻译死板、长句处理不当等。

（1）心态不正。心态是影响学生翻译学习效果的最大因素。有的学生对待翻译学习积极认真，主动思索、研究，发现自己的不足后能够积极改正；有的学生在翻译练习时总是偷懒，直接看答案，或大致翻译后便对答案，不多思考、推敲，改正错误时也敷衍了事；还有的学生一遇到困难就退缩，既不动脑思考，也不寻求帮助。显然，后两种学生对待翻译学习的心态不正确，他们的翻译能力也始终无法得到提升。

（2）使用方言和口语词汇。从学生的翻译练习中可以看出，方言、口语词汇的使用十分频繁，而这些词汇的出现大大影响了译文的质量。例如：

The junior clerk in particular lived in terror of his boss,who had borne down on him so hard that there was little left.

译文1：这个小职员对老板怕得要死，老板整他整得真惨，简直把他整瘪了。

译文2：这个小职员对老板怕得要死，因为老板整得他已无力应对了。

本例译文1中的“整得真惨”在书面语中出现显得不太合适，而且“瘪”字的使用也大大降低了译文的可读性。

（3）逐字逐句翻译。很多学生（尤其是翻译初学者）翻译时喜欢按照原文的字面意思逐字逐句地翻译，即将原文的每个单词都翻译出来，导致译文的可读性差。例如：

Her dark hair waved untidily across her forehead. Her face was short,her upper lip short,showing a glint of teeth. Her brows were straight and dark,her lashes long and dark,and her nose straight.

译文1：她的黑发散乱地飘拂在她的宽阔的前额上，她的脸是短短的。她的上唇也是短短的，露出一排闪亮的牙齿，她的眉毛又直又黑，她的睫毛又长又黑，她的鼻子笔直。

译文2：她的黑发散乱地飘拂在宽阔的前额上，脸是短短的。上唇也是短短的，露出一排闪亮的牙齿，眉毛又直又黑，睫毛又长又黑，鼻子笔直。

本例译文 1 将原文中所有的单词都逐一翻译了出来，显得译文冗长、啰唆，读起来不胜其烦，而译文 2 则适当省略“her”的翻译，从而使译文更符合汉语的表达习惯，读起来更加顺畅自然。又如：

In autumn the leaves fell from the trees and the grasses became yellow.

译文 1：秋天到了，叶子从树上掉下来了，草也变黄了。

译文 2：秋天到了，叶落草枯。

本例译文 1 虽然看似符合原文含义，表达也无明显问题，但相对于译文 2 而言，明显过于啰唆，因而应在保留原文全部含义的同时精简表述。

（4）语序处理不当。有些学生由于翻译技巧掌握得不够或自身的语法缺陷而使译文拘泥于原文词序，致使译文牵强、别扭，甚至存在逻辑问题。例如：

And I take heart from the fact that the enemy which boasts that it can occupy the strategic point in a couple of hours has not yet been able to take the outlying regions,because of the stiff resistance that gets in the way.

译文 1：我从这个事实中增强了信心：敌人吹嘘能在几小时之内占领战略要地，但到现在甚至还没有占领外围地带，因为受到了顽强的抵抗。

译文 2：敌人吹嘘能在几小时之内占领战略要地，但由于受到顽强抵抗，到现在甚至还没有占领外围地带。这一事实使我增强了信心。

本例译文 1 按照原文的表达顺序进行翻译，致使译文读起来极为别扭；译文 2 则根据原文的逻辑关系和汉语的表达习惯对译文做出了调整，从而使译文读起来更加清晰、明了。

The doctor is not available because he is handling an emergency.

译文 1：医生现在没空，因为他在处理急诊。

译文 2：医生在处理急诊，现在没空。

汉语中习惯先说原因，再说结果。而译文 1 按照原文顺序先说结果，再说原因，读来不顺，与译文 2 相比，译文质量较低。

（5）翻译死板。很多时候，学生对某类词语、句子的翻译形成了一种定式，如一看到形容词、副词就翻译成"……的／地"，一看到被动语态就翻译成"……被……"，这就使得译文生硬、死板，可读性差。例如：

The decision to attack was not taken lightly.

译文 1：进攻的决定不是轻易地做出的。

译文 2：进攻的决定经过了深思熟虑。

本例译文 1 将"lightly"翻译成"轻易地"虽然不错，但大大降低了译文的可读性；译文 2 变通了表达方式，使译文更简洁，读起来也更顺口。

（6）长句处理不当。长句翻译是一个难点。学生很容易因把握不好逻辑关系而使译文读起来拗口，甚至产生误译。例如：

Since hearing her predicament,I've always arranged to meet people where they or I can be reached in case of delay.

译文 1：听了她的尴尬经历之后，我就总是安排能够联系上的地方与别人会见，以防耽搁的发生。

译文 2：听她说了那次尴尬的经历之后，每每与人约见，我总要安排在彼此能够互相联系得上的地方，以免误约。

本例译文 1 的问题就是修饰语过长，读起来令人不明所以，十分混乱；译文 2 利用分译法将句子的含义用最符合汉语表达习惯的方式呈现出来，可读性很强。

第三节　高职英语教学的发展趋势

一、高职英语教学将变得更加信息化

从科学技术发展角度来看，教学的信息化是促进教学的一个重要方向。教学的信息化意味着学生可以脱离传统的教室进行学科知识的系统学习。学习不受时间空间的限制，高职英语教学更是如此。

在信息化的基础上，高职英语教学资源将会更加丰富，高职英语教学内容将会更加生动。在当代，网络对每个同学都很普遍。2014 年，时任美国总统奥巴马对美国各地教育管理人员的讲演中呼吁给每个学生配发学习用的笔记本电脑，以方便学生利用网络进行线上线下的学习。我国部分学校也有类似的实践。人民网

的“文华在线”就是提供网上学习的平台。“批改网”利用大数据云计算对学生的英语写作进行深入的分析，并提供实时的评价和建议，对学生的写作开创了基于现代先进技术的新方法。这些教学信息化的实践的探索和完善将是今后高职英语教学相当长时间的发展方向。

有专家预言，未来的教育将会出现“教师明星化，课程精品化，内容模块化，辅导分级化”的趋向。在网络教育环境下，高职教师的需求量将越来越少。

信息化教学使优质资源传播更广泛，教学更公平。不论是从教学发展还是社会公平的角度讲，都优于传统单一的课堂教学。也就是说，高职英语教学会向更加信息化的方向发展。

二、高职英语教学将采用现代科学技术

现代科学技术为高职英语教学提供了普及情景化教学的可能性。传统高职英语教学受师资和技术等条件的限制，产生了所谓“聋哑英语”教，费时低效的问题吗，导致学生阅读能力强，听说能力弱，很多同学即使能在考试中获得高分，交流能力仍然不如意。这是所有英语作为外语教学的一种现象，原因就是高职学生缺少语音输入训练和英语语境。

现代技术的发展使得高职英语教学内容趋向视频化，可以让学生把声音与世界（意义）直接联系起来，学习过程更接近母语习得的过程。在理论上，多模态刺激可以促进语言学习的研究已是不争的事实。听说能力的大幅度提升，正是学生所向往的交流能力，也是社会发展的期望和现实需求。对社会调查的相关研究发现，学生被期望在未来学习和未来职业生涯中具有用英语作为工具进行与专业相关的职场工作和交流的能力。

所以，笔者认为，我们在未来的高职英语教学过程中，会发现很多与现代科学技术关联紧密的教学方式、教学手段、教学设备等。

三、微课将会有效提升高职英语教学效果

最近几年间十分流行微课，从心理学上讲，碎片化的学习更符合认知规律。2008 年，美国提出微课的倡导者把微课的时间定为 3～5 分钟。

微课是精品课程的进一步发展，是与慕课和翻转课堂同期出现的新方式。目

前，各级各类的微课培训和比赛如火如荼地开展，越来越多的机构和教师开始投身到它的研究实践中。“微课”是指按照新课程标准及教学实践要求，以视频为主要载体，记录教师在课堂内外教育教学过程中围绕某个知识点（重点、难点、疑点）或教学环节而开展的精彩教与学活动全过程。中国第一届中国外语微课大赛将其定义为：“微课是指教师围绕某个知识点、教学环节或者教学中的核心问题开展的具备独立性、完整性、简短有效的教学活动”。其他也有很多关于微课的阐释，笔者认为：第一，微课在时间上，短小；第二，它利用视频艺术化呈现内容使生动更有吸引力；第三，它有完整的知识点教学设计；第四，它应该被信息化，可以方便的获取。

微课将促成高职英语教学方式的重大变革，进而有效提升高职英语教学效果。微课对高职英语传统教学的资源、教学内容、教学模式、教师发展、教学环境、教学质量和教学管理都会产生影响。微课的出现是教育资源由“助教”向“助学”的转变契机。基于微课的学习有助于真正实现以学生为中心的自主学习。微课（资源）是慕课和翻转课堂的前提条件，它正随着软硬件的发展给教育教学带来巨大的影响和变化。

总之，在教学与科学技术结合的信息化的大潮中，高职英语教学也要随着时代的变化而急速发展。高职英语教师面临着对当今新的教育技术的挑战，必须对教学内容，方式及当代学生的新特点进行把握而采取相应的教学。大数据云计算的时代，学生和社会的需求更多元化，教师需要提供多元的教学服务以满足他们的需要。

第二章　高职英语专业教育与学习理论

本章主要介绍高职英语专业教育与学习理论，主要从四个方面进行了阐述，分别是高职英语专业教育理论、认知主义学习理论、联结主义学习理论及建构主义学习理论。

第一节　高职英语专业教育理论

高职英语专业教育是我国高职教育的一个重要组成部分。自21世纪以来，中国经济、社会和文化一直持续高速发展，这导致许多行业对英语应用能力强的专业人才的需求迅速增长。高职院校英语专业教师和广大高职英语专业教育研究者，需要根据高职教育的特点开展教育，以培养具备应用型能力的英语专业人才，为社会输送更多的合格人才。

高职英语专业教育由语言、专业和实践三个模块组成。通过学习语言学、应用语言学及学习理论等多个模块，我们可以更加深入地了解高职英语专业教学的复杂性，并认识到其内在规律和特点。这样做有助于我们更加科学、高效地进行高职英语专业教育。

纵观20世纪语言学、应用语言学理论的发展，繁芜复杂，先是流派纷呈，后是多元并存。各种理论看待某一问题的角度往往不同，有时即使角度一样，却各执一词，观点甚至截然不同。现代教学的语言学习的理论基础源自西方语言学理论。语言学研究的角度不同，会导致不同的语言学理论出现，并且这些理论会对教学方法产生影响。不论如何，各个学派都为英语教学提供了一定的理论支持。可以说，这些教学法的存在促进了各种观点的交锋和碰撞，进而推动了教学法的不断发展和进步。时至今日，国际上外语教学和二语习得研究仍在发生变化，新的理论和观点依然层出不穷。我国的外语教学研究也对各种教育观念的变革、二语习得理论和心理学理论的应用等方面给予了相应的关注。但总的说来，我们还缺乏全面清晰的梳理，许多关注和跟踪研究还处于“思维的碎片”和零散的状态，从根本上缺乏一种整体的理论框架和实践模式。许多教师在教学中，仍过多依赖以行为主义为理论基础的操练和强化，采用非交际、纯分析、注入式的英语教学，对于近年来语言学理论、学习理论的发展，不甚了解，更无法在教学中应用。这种状况必定在很大程度上制约我国高职英语专业人才的培养。

外语教学的要求随着时代不同而变化。为了达到这个目标，人们在语言教学领域进行了多种改革和探索，这些改革通常基于语言学和语言学习理论的最新进展来启发和促进。在较早的语言教育阶段，受到行为主义理论的支配，学习被视为一种建立和加强刺激与反应之间联系的过程，在教学方法上主要采用听说法，在学习条件上更注重外部条件的作用，同时强调大量模仿、积极反应、及时回馈。之后，转换生成语法推动了语言教学的自然法，它注重语言输入的重要性，强调可理解的语言材料对于语言学习成功至关重要。为此，该方法主张通过多种途径（例如，听力和阅读）及多种教学方法，向学生提供不同的量和类型的输入，如在初期阶段采用全身反应法进行教学。而以功能主义为基础的意念法和交际教学理论，通过将各种社交活动拆分为意念类别和具体功能目的，确定话语表达方式，进而设计教学计划。这些改革在一定程度上为外语教学带来了生机，都有一定的可取之处。但这些理念往往都是以一概全，缺乏对语言学习规律的整体把握，把复杂的外语学习过程简单化了。这就常常使外语教学陷入费时低效的困境，学生往往处于低阶思维的层次，局限于重复和记忆，而他们的高级思维能力，如批判性思维、创造性思维及问题解决能力则未得到有效锻炼。

近年来，二语习得研究的一个重要趋势是将语言学理论、二语习得理论和学习理论相结合，着重解释人类思维过程，尤其是高级心理过程，以及解释复杂的学习和认知过程。此外，强调以人为本，并强调人的主观能动作用。当前的发展趋势包括：①信息加工和联结主义学习理论，它反映了当代认知心理学的特征；②人本主义学习论是代表心理学新思维的学派；③建构主义学习论则更加强调学生的主体作用。现代学习理论的发展表明，学生自主地构建认知过程和认知结构是学习的核心，这个过程与人的认知和情感的交互紧密相连。要实现这一点，认知主义外语教学模式要求通过促进学生内部认知过程的积极转变来推动他们认知能力的提高，同时还需要从信息的接收、储存和提取流程来分析学习认知过程。

外语教学中的人本主义模式注重将学习内容与学习目的相互联系，降低教育情境中的压力，并创造一种轻松、理解和相互支持的学习氛围，以鼓励学生全身心地参与和自发地投入学习，应用以学生为中心的教学法来助推学生的综合成长。建构主义的教学模式注重学生通过新旧经验的相互作用来形成、丰富和调整自身的经验结构，引导学生从已有的经验出发，建立新的经验框架。在运用多元智能教学模式时，强调尊重学生的差异，采用因材施教的方式，最大化地挖掘和培养学生的智力潜力，这一点在英语教学中尤其重要。各种教学模式之间并不是互相隔离的，而是相互交叉、相互借鉴的，它们之间存在着相互渗透、相互利用的关系。

外语教学正在面临重大变革，因为外语教学理念和方法正不断创新更新。通过对传统的外语教学方法进行深入探究和超越，发现了其存在的弊端和缺陷。在传统的外语教育中，教师更注重向学生传授知识，但却忽视了学生的个性和需求。过分强调机械性训练的同时，忽视了内在信息处理的重要性；虽然重视了教师的作用，但忽视了学生的自我参与。随着最新理论的不断进步，我们对外语教学的本质有了更深入的认识，从而建立起更加全面的外语教育模式。高职英语专业教师由于我国英语教学的现状与国外存在差异，教师应根据实际情况，采用合适教学方法，要善于学习和研究各种国外的语言学、应用语言学和学习理论；应该把各种教学法中那些适合我国国情的先进的方面借鉴过来，吸取各自合理的部分，为我所用，再经过消化吸收形成自己独特的方法。

第二节　认知主义学习理论

一、皮亚杰的认知发展论及其影响

认知主义学习理论是认知心理学派的重要组成部分，它强调学生在学习过程中的思考、记忆和解决问题的活动。该理论体系起源于 20 世纪 50 年代中期，并在 20 世纪 60 年代之后迅速发展，逐渐完善。皮亚杰、奥苏泊尔和布鲁纳等人是该学说的主要代表人物。

瑞士心理学家皮亚杰基于格式塔学派的学习理念和组织观点，发展出了认知发展论。他认为，人的成长取决于他们与周围环境之间的互动，这一过程包括适应和同化。个体通过这种方式，逐渐适应不断变化的环境以维持一种稳定状态。[①]个体的认知结构不断发展和完善，正是在平衡和不平衡的循环中不断进行。

皮亚杰的理论和观点在20世纪60年代被引入美国后，受到广泛欢迎和研究。奥苏泊尔和布鲁纳的认知学说是建立在皮亚杰的认知发展理论基础之上的，没有改变其核心观点。根据奥苏泊尔所说，学习是通过重新组织认知结构来进行的，只有通过有效的组织知识结构，才能让学生更高效地学习和建构知识。需要将知识按照层次结构进行分类，然后根据这种分类方式安排教学顺序。学生可以遵循教师的传授方式，将新的知识与旧有知识联系起来，并以有意义的方式进行接受和学习。布鲁纳主张认知发现式学习，认为学生在学习过程中不仅要掌握学科知识，还应该获得自主学习的技能。这种学习方式注重学生主动探索，从实践中发现、理解知识，而不是被动地接受教师灌输的知识。教师应以引导发现的方式来激发学生的主动探索和问题解决能力，促进其学习过程。布鲁纳的指导发现法被广泛认为是早期建构主义的典型模式，在心理学界产生了巨大的影响。布鲁纳和奥苏泊尔的理论在认知发展方面对皮亚杰的思想有所拓展和加深。

二、认知语言学的语言观

认知语言学是认知科学的分支，是认知心理学与语言学相结合的边缘学科。认知语言学所采用的组织原则源自格式塔心理学，此外，认知语言学也采纳了皮亚杰的相互作用论，即主客观互动的信念。这一理论认为，心理发展是由个体和环境相互作用而形成的。意识、图式等观念受到认知心理学关于表象和知觉研究的启发。莱考夫等人在语言学上与乔姆斯基有着不同的看法，在语义学上率先对生成语法“发难”，走上了认知语言学的道路。“认知”是指人类对世界进行感知和概念化，这一过程形成了我们的经验，同时也影响着我们对事物的解释和理解。以此为基础的语言研究就是认知语言学。具体地讲，有以下五个基本的研究主题：第一，必须将语言研究与了解人类思维的形成过程相结合；第二，确定词语的含义需要结合百科知识的定义和人们对这些定义的解释；第三，在形成概念的过程中，我们基于普遍的身体经验（包括空间经验）进行构建，而这种经验限制了我

① 中公教师网．建构主义发展观[EB/OL].(2019−05−17)[2023−03−09].http：//jl.zgjsks.com/html/2019/jyll_0517/60443.html

们对心理世界的比喻式建构；第四，语言的方方面面都包含着范畴化，以广义的原型理论为基础；第五，不是将语言现象进行分层，而是探究一种整体性的方式来解释语言现象。

就认知语言学而言，语言是人类智力和心理结构的一部分，是一个认知系统。换句话说，语言是人类智慧的体现之一，它源于人的认知活动，能够展示人类认知能力的表现。认知语言学旨在探究语言形式和语义的规律，从认知角度出发研究语言的产生、学习、使用和理解等过程，并寻找与认知相关的共性规律。同时，该学科探究语言知识结构的模式，涉及思维和记忆的关系。虽然认知语言学在20世纪80年代后期才开始流行于美国和欧洲，但其影响力对于语言教学却是重大的。语言教学得以从该学科的研究成果中获得崭新的思维方式、视角和策略。同时，该学科的进展方向也为语言教学指明了未来发展的方向。因此，在高职英语专业的教学中，我们需要研究语言与认知之间的联系，全面了解语言结构的认知特点及其认知结构，以及掌握学习和应用语言的认知过程和规则。在英语教学中，运用认知语言学的理论，可以帮助学生更好地理解语言规律和通用规律，加深他们的语感，同时提高学生的意识和思维水平，全面提升英语教学效果。

随着现代认知语言学的兴起，结构主义教学法在外语教学中的地位发生了动摇。现代认知语言学家认为，语言学习的过程是获得知识的过程，而不是习惯形成的过程。语言是人类思维的产物，因而具有心理的现实性。通过对大量例证的考察，心理语言学家得出结论：语言的习得并不是刺激—反应的必然结果。

三、认知主义理论对高职英语专业教学的启示

高职英语专业教学中应注重认知法教学的三个关键要素：第一，学生应该成为学习外语的主角；第二，学习外语的方式应是S（stimulation）→R（reaction）而不是S→R；第三，规则性和创造性。根据认知学派理论，在外语教学中，内在因素是决定学生表现的关键因素。因此，我们应该意识到，培养学生正确的学习态度、强大的学习信念和毫不动摇的学习意志是至关重要的。学习外语需要花费较大的精力，因为缺少自然语言环境和练习机会，学生需要从知识的理解、形成到运用都做出努力。因此，在教学过程中，为了帮助学生更好地学习外语，教师应该考虑到各种影响学生心理的因素，并尽力调动学生的学习积极性。教师在

进行教学时，应该提供足够的语言材料和情境，让学生能够轻松地发现语言规则，而不是把语言规则进行过多解释和灌输，教师应引导学生自主发现知识。认知学派主张，学习外语应该是主体与外部刺激相互作用的过程，而不仅仅是被动接受外部刺激的反应。因此，学习外语不应仅仅是刺激—反应的单向过程，而应该是双向的互动过程。也就是说，需要主体积极地参与进来，才能够更好地学习外语。英国外语教育家迈克尔·韦斯特（Michael West）提出："语言教师最有害的缺点和最流行的通病是讲得太多。他试图以教代学，结果是学生什么也学不到。"[①] 认知法规定讲与练的比例为1 ∶ 4，就是要改变教师垄断课堂、唱"独角戏"的局面。关于规则性和创造性，语言学家乔姆斯基指出："语言是受规则支配的体系，人类学习语言绝不是单纯模仿、记忆的过程，而是创造性活用的过程。"[②] 人类通过掌握语言规则，将其应用到实际运用中，同时也具有创造性地运用语言能力。外语教学的最终目的是使学生能够广泛应用所学外语技能并将其实践于生活中。

根据认知理论，学习英语是一种不断结合新旧语言知识的过程，通过自己的活动才能实现语言能力从理论转化为自动应用。学生需要积极地参与学习才能激发他们的学习动力和发挥其学习潜力，从而有效地提升他们的语言综合能力，包括听说读写译等多个方面。这意味着教师需要采用以学生为中心的教学模式，改变传统的教师主导教学的方式。为了帮助高职英语专业学生更深入地了解语言知识、提高交际能力并塑造综合素质，教师需要在教学过程中对他们进行引导和激励。除了语言学习，他们还应该将自己的思想和感受融入日常生活中各种问题的探索和思考中。下面笔者以高职英语专业的语篇教学为例，探讨认知理论在教学活动中的实际运用。

先激活学生已经掌握的知识和认知方式，再引入新的学习内容。在这个教学阶段，我们的目标是让学生自发地对主题相关的知识和认知方式产生兴趣和热情。将新知识与学生已经掌握的知识融合在一起，可以帮助他们更快地理解新知识，并加深记忆。比如，在上课之前，教师向学生讲述之前学过的词汇、语句等内容，然后通过这些学过的内容，引入今日课上所要教学的新的知识内容。

---

① 文秘帮．辩论赛发言稿范文[EB/OL]．(2023–03–09) [2023–03–20].https：//www.wenmi.com/jinpin/qrwkk50012aa.html.

② 文秘帮．乔姆斯基语言观及其对外语教学的启示[EB/OL]．(2022–09–14) [2023–03–15].https：//www.wenmi.com/article/pxszmt01jttz.html.

在阅读教材时，可以围绕着每个单元的核心主题展开，以唤起学生的思考和引发学生的兴趣。可以考虑运用图像和演示文稿的形式，激发学生的表达意愿，协助他们在该主题上运用所学知识和信息资源，敢于表达自己的想法。每一段都可以列出关键问题，以便激发学生的思考和回答。这一方法有助于学生理解文本的含义，并使他们熟练掌握。通常情况下，问题是一个广泛而具有复杂性的主题，需要认真研究、详细阐述和深入思考。解决问题的方法有很多种，可以选择引导式、分析式、归纳式、连续式、评价式等不同的提出问题的方式。教师也要采用各种教学方法来引导学生，例如，补充信息、强调重点、纠正错误或评估答案等方法，分段教授阅读技巧，让学生找出每段的主题句并用简洁语言总结段意，并用图示呈现信息结构。因而，借由与教师、作者和社群的互动，学生会在不自觉间积极思考，在自然的情况下吸收语言知识和文化精华，进而提高他们的语言运用水准和整体素质。采用这种方法，我们可以避免对原始文本进行机械般地逐字逐句解析和分析。

学生手头参考书繁多，学生往往简单地抄参考书的答案应付了事。教师应充分注意这种情况，同时为了激发学生思考、吸收和运用所学的语言，可以应该采用创新、有趣的练习方式。以问答的方式进行练习是一种有效的替代方案，更适合帮助学生深入思考和理解知识，而不仅仅是记住答案。在讲解课文和词汇的过程中，我们可以一并提出一些问题，以此促成双向交流。通过这样的方式，可以在保持文字含义不变的情况下，使练习更为生动有趣并富有创意。这将为学生提供一个展现、运用所学知识的机会。此外，教师还可以通过这种方式来检查学生对知识的掌握情况。

可以将课文中涉及哲理、道德、伦理等方面的问题、讨论题目，以及探究信息、归纳总结等任务，分配给不同的小组，让学生在组内进行讨论和交流。探讨讨论主题的涵盖范围，可以分为 2 人小组、4 人小组和不超过 8 人的大组进行，一般时间介于 3～15 分钟。在进行讨论时，需要明确提出讨论话题，并提供提示或提纲，以便学生快速捕捉到主要内容，避免偏离主题太远。经过讨论后，各组可以选取代表进行展示。最终，教师会对学生的表现进行评价和总结，并在适当的时候布置写作任务和提出写作要求，要求学生以课堂讨论内容为题写一篇约 120 字的作文。学生经过动脑思考、课堂讨论和代表发言后，写作水平会得到极大提高。因为这样做可以拓宽学生思路，丰富语言材料，最终提高学生口头和笔头语言表达的能力。

四、认知主义图式理论及其在英语专业教学中的运用

认知主义中对高职英语专业教学起重要指导作用的另一重要内容是图式理论。在 1781 年，德国哲学家和心理学家康德最初阐述了这一概念。这个理论认为，人的大脑中存有纯粹的概念，而图式则是将这些概念与感知对象连接起来的桥梁。巴特莱特（Bartlett）和鲁梅尔哈特（Rumelhart）对这一理论进行了重要的改进和推进，以推动其发展和完善。尽管人们对于“图式”的意义理解各有不同，但总的来说，“图式”是大脑为了方便储存和加工信息，将新的事物与已知的知识和经验有机地组织在一起的一种认知表征形式。它是一个完整的信息系统，由相互关联的知识构成。大脑中先前形成的模式对于人们理解和认知新事物起着一定作用。还有一些学者认为，图式是一种认知结构，它由空缺的位子和默认值组成。空位是一个结构化的知识范畴，其中包含有关具体事物、动作或事件的有序联系和层次。在正常情况下，我们会默认填充空位，以满足该范畴的要求。例如，在餐厅布局中，包含人物分布区域、物品分布区域及行动分布区域。它的预设选项包括服务员、顾客、厨师，以及桌子、椅子、食物，还有点餐、就餐、结账等。图式的功能是为填充新信息提供结构，并引导填充过程。这表明，图式对于人们感知和理解世界及语言具有极其重要的作用，可以说是认识世界的基础。任何时候人们都需要用到大脑中的图式来处理周围的信息，这些图式会被用来解释、预测和整理这些信息。图式不仅有助于我们对世界进行感知，而且可以帮助我们更好地理解语言。

以听力理解为例，它包括两个方面：自上而下的过程和自下而上的过程。在自上而下的过程中，图式知识和语境知识得到激活。一种是内容图式，涉及主题表达方式和结构特点的知识，被广泛使用。另一种类型是形式图式，这种知识涉及不同的语言组织形式、话题或意图。语境知识包括对特定的、听的情景的理解（如参与者的身份是什么、情形如何及主题和目的是什么）和对正在进行的话语和伴同语篇（说过的话和接着有可能要说的话）的理解。在自下而上的过程中，听者运用语言系统知识切分并解释声学信号，包括构成单词的语音、构成词组和

从句的单词及构成连贯语篇的词组或从句。因此，和中小学侧重训练学生运用在自下而上的过程所需的技能不同，高职英语专业的教学一方面要侧重训练学生运用在自上而下的过程所需的技能，利用已掌握的知识，来帮助理解正在听的材料；另一方面则要把听力理解当作一种有效的语言输入手段，少采用形式上的语言，多采用使用中的语言，让学生听时事新闻、科学报告和专业讲座等真实材料。

图式理论也有助于高职英语专业阅读教学。根据这一理论，阅读理解就是学生积极思考所读材料，并且基于自身心智图景进行理解的过程。换一种说法可以是，学生对一篇阅读材料的理解是通过将材料提供的信息与其先前的思维模式相互融合来形成的。当学生和阅读材料在共同的背景知识方面有更多的重合，它们之间的交流就会更容易，此时学生可以获得更多相关信息，从而达到更深入的理解。当学生感到信息不足时，他们需要利用储存于大脑中的背景知识来理解语言材料。这表明阅读理解能力与学生掌握的先验知识息息相关。图示可以辅助学生更加深入地理解课文内容，帮助其进行逻辑推理、提高对关键信息的注意度，以有条不紊的方式查找和记忆信息，并进行信息总结和重组。换个方式来说，图式能够对感官所接收到的信息做出反应，并且通过产生信息来弥补信息的不足。学生可以通过个人经验或有目的的学习，创立一个全新的模式。因此，在英语阅读教学中，教师需要持续地丰富学生的文化知识背景。通过掌握英语文化背景知识，启发学生的英语思维和想象力，激活学生对学习的热情。为了提高学生的知识广度和阅读效果，教师在授课时应充分发挥教材的潜力，注重教材的活化。

第三节　联结主义学习理论

一、联结主义认知观

联结主义作为一种学习理论早已有之，但计算机科学给了它新的活力。自 20 世纪 80 年代中期以来，越来越多的人试图将联结主义理论运用到记忆和学习的一般研究中去。近年来，这一理论则被运用到二语习得中去了。

联结主义，又称平行分布处理（parallel distributed processing,PDP）模式，是认知科学和神经科学领域中的一个重要理论。联结主义理论将认知解释为由多个神经元相互联结和组成网络系统的整体活动过程。网络是由节点组成的，并且节点之间相互连接，这些连接是具有权重的。如果权重为正数，则这些连接是兴奋性的；如果权重为负数，则是抑制性的。每个节点都具备独特的活化状态，它可以通过影响其他节点的兴奋或抑制作用来产生影响，同时也会受到其他节点对自身的兴奋或抑制作用所影响。人类获得的信息被存储在大量节点组成的网络中，这些节点类似于神经元。节点之间的连接强度会随着它们的激活程度而增强或减弱。联结理论是一种整合认知学和语言学的理论，其基础是认知并行分布式处理模型，理论认为二者是紧密相关的。联结理论认为，语言规则是以一种概率的方式存在的。过去学过的知识与网络中的某一连接建立起对应关系，随着时间的推移，这种知识在大脑中的印象会变得更加深刻，被激活的概率也会随之增加，同时对它的理解和记忆也会更加牢固。学习的过程可以看做是记忆的过程，它包括逐渐加强联想和提高其确定性的过程。神经网络通过调整自身，对相似语言信息产生了一种准备反应，当出现相同或相似的输入时，神经网络会迅速作出预设的输出响应。据斯凯恩（Skehan）的认知心理学理论指出，影响记忆的关键因素在于个体对语言输入的关注程度。程度的差异取决于输入的质量（包括频率和显著性因素）、输入的重点、处理输入材料的任务要求及内在因素。根据以上的认知心理学理论，我们可以得出结论：要让记忆中的信息保留更久并且更有效地使用它们，就需要关注影响注意力的因素。通过调整输入材料的任务要求，提高对语言输入的注意程度，加强输入信息的印象，并通过输入和输出的结合来激发和利用语言信息。

如图 2–3–1，为联结主义网络的一个例子。

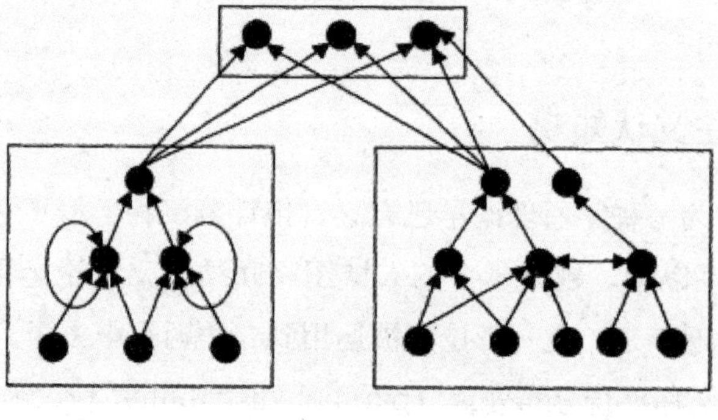

图 2–3–1　联结主义网络例子

随着我们掌握某种行为模式的能力逐渐提高，对应的神经网络权重也会不断进行调整，以实现更准确的行为表现。调整权重会对神经网络的结构产生影响，并在网络中造成波及效应。学会的行为与网络结构固有形式无关，而与该网络联系中权重的分布形式相对应。学习并非建立抽象规则，而是逐步调整神经网络的关键联系强度。计算机运行的模拟神经网络程序通常是这样的：网络接收一些训练样本来完成某项任务，然后通过重复输入和输出来构建输入和输出之间的联系或调整网络中的权重分布形式，已经构建的框架可以评估新的输入。鲁梅尔哈特和麦克莱提出了PDP网络模型，利用该模型，输入一个英语动词的原型（如walk），就能够得到对应的简单过去式（如walked）。这一方法具有开创性意义。通过不断的匹配学习，网络可以记录下这些匹配关系，因此当我们输入新的动词时，网络可以可靠地生成这些动词的过去式。网络能够将每次输入存储为学习经验并利用它们进行类比，从而对后续的行为和表现产生影响。在这种网络结构中，同一表征不仅存储学习经验，还处理新的输入。每次网络处理输入时，都会对已有的权重分布进行一定的调整，从而影响后续输入的处理结果。只要一直有输入，学习就能持续不断。

语言习得研究在近十年来开始采用联结主义理论进行探究。近年来，计算机科学技术的飞速发展为这一领域的研究带来了新的活力。根据这一理论，语言学习者会注意到语言输入中频繁出现的规律性现象，进而从中抽象出有概率性的模式，形成具有一定概括性的规则。由于经常被使用并不断加强，这些概率模式便促成了语言的习得。联结论强调一般的学习原则，并认为语言习得过程与其他技能的学习过程并无区别，因此不需要具备特定的语言学习能力。联结论的重点在于阐述语言知识是如何被习得和使用的，而不是仅仅说明它是如何建立起来的。它重视的不是规则式的学习，因为有些看似受规则约束的行为实际上并非由规则主导。语言规则的存在实际上是基于概率统计的。学习规则就是学习不同大小、形式各异的概率概括。人类的智力可以迅速整合多种来源的概率信息（比如语用常识等）来推断出正确的解释。学习过程的数据驱动性使概率形式不可避免地浮现，它并非事先规定或已经内在具备的特性。

二、联结主义与二语习得

根据联结理论的学习观，我们可以理解为过去的学习经历对未来的学习产生了影响。换言之，在学习第二语言之前，学生的大脑已经固定了母语的语法规则，这对后续的语言输入产生了影响。随着母语使用时间的增长，我们越来越容易激活其语言结构，并将其巩固得更加牢固。当学习外语时，遇到与自己母语相似的语言元素时，容易激发已经根深蒂固的母语模式，从而产生迁移现象。如果采用不同的方式进行迁移，可能会妨碍对第二语言的正确运用，导致学习上出现问题，进而影响学习进度。当学生接触到二语时，其中可能包含母语中没有的语言元素。如果这些元素在学生接收信息时频繁出现，那么学生就容易掌握它们。但如果这些元素很少出现，学生便难以掌握。如果这些元素根本没有出现在学生的输入中，那么学生将无法掌握它们。如果不纠正在二语中缺乏，但母语中存在的语言成分，那么就难以消除因此而产生的二语习得干扰。毋庸置疑，二语习得的最重要的特征就是母语的影响。

相对于描述语言能力的静态语法模式，联结论致力于研究动态的语言习得过程，更贴近于实际语言学习和使用的过程，因此更加适合用作解释二语习得现象的工具。下面使用联结论来解释三个二语习得现象。第一，连接主义理论可以用来解释我们通常所感受到的语言感觉。尽管语言规则存在，但是并非所有语言现象都能被严格概括和归纳，它们常常存在例外和特殊情况。有一些语言现象是无法通过学习规则来掌握的，而更多时候需要通过大量接触语言材料来培养语感，最终使得运用语言变得自如。这种感觉实际上是基于概率的，这种概率是从大量语言素材（包括形式和使用语境之间的关系）的接触中演化而来的，而这些语言规律的概括大小也是不一定相同的。大多数人的语言知识以概率形式为基础，使得人们能够进行创造性的语言表达。在外语教学中，强调提高语言接触量和频率，以多听、多读、多说、多写的方式配以情境，可以巩固语言知识的概率形式。这种方法不仅可以让学生掌握语言的形式，还能够帮助他们持续积累相关的语言信息，提高使用语言的准确性和迅速辨别正确用法的能力。学习外语的难度在于缺乏语感，这很可能是源于机会不充足，缺乏真实语境的实际应用，或者心理障碍限制了多接触、多创造机会。我们能够说出流利自然的母语，是因为我们在不知不觉中接触和使用了无数次相同的单词、句型、音调和语境。相比之下，在课堂上有限的外语接触是无法比拟的。

第二，联结理论在某种程度上赞同了克拉申（Krashen）对“习得”与“学得”的区分。“习得”和“学得”指的是两种完全不同的学习方式：“习得”是利用人类大脑中的语言学习机制，在与环境互动的过程中理解和使用语言，类似于儿童自然掌握母语的方式，无需意识到学习的过程，就能够自如地运用语言；“学得”表示通过课堂或非课堂的方式，有系统地获取语言知识。只有通过习练，人们才能真正获得语言知识，并且才能将其应用于实际语言交流中，学习的语言知识只能帮助人们有意识地检查所说的话是否符合语法规则。基于联结学说，只学习一些语法“规则”，如果没有足够的语言数据支持（没有大量的语言接触），则难以建立起概率形式，这也导致在语言使用中不够得心应手、流利自如。通过大量接触和使用语言，我们可以自然而然地掌握语言，形成概率语言形式，并能够流利地运用该语言。这是因为我们不仅有语言数据，还有相关的语境来支持我们的语言学习。然而，“学得”的知识只要源自目标语言，就有助于建立语言的概率形式。大量的输入能转化为“习得”的知识，据克拉申的观点，被视为已习得的知识同样可以被视为学得的知识。这反映了外语教学的一条规则：要想流畅而准确地运用一门语言，语法教学应该建立在充足的语言输入的基础上，而不是反过来。

第三，联结理论的最大长处是可以有效地论述母语对二语习得的迁移作用，并使这种迁移变得更加合理。联结理论强调的基本原则是，联结网络可以通过对比新输入信息和之前储存的类似经验，进行学习并做出相应的反应。初学第二语言时，母语会更加显著地影响学习，这是由于类比机制的作用所致。相对于母语习得，进行二语习得的最大区别在于，二语习得时大脑已经建立了母语体系，并形成了完整的关联模式。除了是外语学习的有用材料之外，它也可能成为二语学习中干扰的来源。学生常常会拿他们之前学习语言的经验来与当前的第二语言学习进行比较，因此他们倾向于运用类似于母语的语法形式，借助母语的语法结构来建构第二语言的语法结构。这种学习方式会影响学习的效率和提高非母语言的本地化水平。相对而言，母语的学习方式不同于其他语言的学习方式。学生会靠创造性的方式建立自己的母语体系，并逐渐掌握新的语言构成。英语作为母语的儿童在学习母语的某个阶段可能会出现广义错误，这些错误包括出现了“comed”“goed”等形式。这个现象可以被看作儿童在掌握规则动词之后，由于规则动词的广泛使用和高频率，所造成的一种“群体效应”。这种集体现象导致他们在神经网络中越来越重视以“-ed”结尾的动词，并使他们倾向于将不规则动词变为规范化形式。这种总结现象在同一语言系统中表现出来。尽管二语学习者可能会像儿童学习母语一样在获取足够的二语知识后，但由于母语系统和类比学习方式的影响，他们与儿童学习母语时存在差异。第一种方式通常是以母语为基础，进行扩展；而第二种则较倾向于创新式的学习方法。联结主义语言习得理论出现后，这个观点得到了认可。

遵循联结理论的思路，可以得出这样的说法：母语对于学习第二语言来说是一个主要的障碍，因为母语和第二语言之间的差异影响了第二语言的学习速度。要回答普遍语法是否仍然对二语习得产生影响的问题，主要取决于研究者如何认识母语在二语习得过程中扮演的角色。母语是二语习得最主要的特征之一，如何看待这一点至关重要。从普遍语法理论出发的二语习得研究者通常试图证明二语习得与母语习得一样，这并不稀奇。如果我们不考虑母语习得的普遍语法来研究二语习得，那么就难以获得有意义的结论。然而二语习得研究中普遍存在的过分套用基于母语习得的普遍语法理论总令人有削足适履之感。尽管核心语法在二语习得研究中占据了一定的地位，但是我们不应该过度强调其作用。实际上，在二语学习过程中，有很大一部分内容是与核心语法无关的。由于普遍语法无法涵盖大多数二语习得的内容，因此我们需要考虑其他理论的作用，不能将它们忽视不计。与此相对，联结理论在解释二语习得方面所独具的优点在于，它认真考虑了母语在其中所扮演的作用。实际上，自 20 世纪 50 年代起，对比分析就被看作是二语习得中最主要的障碍之一，其表现为母语干扰。在 20 世纪的 50 年代末至 60 年代，曾遭受到以乔姆斯基为代表的心理主义学派的严厉批评，声誉受到了极大的损害。20 世纪 70 年代掀起轰动的词素顺序研究，打破了母语在二语习得中的主导作用，试图从根本上推翻这一观点。随着长达三四十年的深入研究，越来越多的研究者认识到，在二语习得中，母语起着至关重要的作用。进行二语习得研究时，需要意识到学生已经掌握了一门固有的母语，其在大脑中的印记非常深刻，并难以避免地影响二语习得的过程。因此，必须认真比较目标语与母语之间的差异，才能有效地进行二语习得研究。如果忽略了母语的影响，该研究即使开展也缺乏实质性的意义。

三、联结理论对高职英语专业教学的指导意义

联结主义认为，知识的学习过程就是学习分布表征的过程。也就是说，学习是通过调节单元与单元之间的关系来完成的，而单元与单元之间关系的调节又是通过调整单元之间的联结强度即权重来实现的。因此可以说，联结主义的学习就是连接权重的变化，是原来的联结消失而产生一种新的联结关系。或者说，联结主义所谓的学习就是对连接权重的适应性变化，通过联结权重的改变，使正确的模式得以激活，进而产生符合期望的输出。

学习语言的最终目标是能运用语言进行交际。语言交际能力一般包括语言知识、认知能力、文化知识和交际策略等。语言知识即语音、词汇、语法的习得，有赖于听、说、读、写技能的培养；在语言技能的培养中，听和读是四项技能中的先行性技能，也是语言学习中的输入型技能；说和写则是输出型技能。只有积累了大量的输入型信息，输出才能得以实现。因此，在高职英语的课堂教学过程中，教师应该尽量创设真实的情境，强化学生的语言输入，检查和指导学生的语言输出，使学生能够根据英语的语言规则来调节网络节点间的权重，形成正确联结，进而真正地掌握英语。在学习英语时，高职学生的头脑中已经具有汉语语言知识相应的连接权重，当两种语言规则的分布模式比较相似，单元间联结权重一样的时候，学习者就不需要再花费更多的时间和精力去改变分布并形成新的联结了，这就是母语知识对英语学习的正迁移作用。但更多的时候，两种语言规则的分布模式是不同的，这时，就要通过反复输入英语信息，改变学习者头脑中固有的联结权重，形成适应英语规则的权重，进而习得英语规则。

第四节 建构主义学习理论

一、建构主义的学习观

从 20 世纪 80 年代末 90 年代初开始，建构主义学习理论逐渐兴起并获得广泛传播。这一全新的学习理念堪称是在认知主义之后对学习理论的又一次重大改革。这一观点最先由瑞士心理学家皮亚杰提出，他认为，儿童是在与周围环境相

互作用的过程中，逐步建构起关于外部世界的知识，从而使自身认知结构得到发展。[①] 当儿童与周围环境进行互动时，会出现两个基本的进程，即将新知识或经验“融入”已有的体验之中（同化），以及根据环境的需求和要求作出必要的调整或变化（顺应）。同化是指将外界信息纳入已有认知框架的过程，以更新儿童的认知结构。当外界环境发生变化且儿童的认知结构无法适应新信息时，顺应是指儿童将进行重新组织和调整认知结构的过程以适应环境变化。儿童为了达到认知平衡，会运用同化和适应两种方法来适应周围环境。

根据皮亚杰理论，布鲁纳提出了“学科结构论”，并倡导推行以探究为主的教学模式。科尔伯格就认知结构的特点及开发认知结构的先决条件等相关议题进行了深入探讨。同时，斯腾伯格、卡茨及其他研究人员的研究显示，积极参与对构建认知结构来说至关重要。他们着重探讨了个体如何在认知过程中自我激励的问题。根据维果茨基的“文化、历史发展理论”，认为学生的认知过程受其所在社会、文化和历史背景的影响，这些因素在学习中担当极为重要的角色。因此，在这一理论的指导下，出现了许多学习方法，如合作学习、交互作用教学等。按照建构主义者的观点，每个人都应根据自己的经历来建构对事物的理解，因为每个人对事物的理解都有其独特的局限性。在一个强调合作的社会环境中，学生可以通过协作和交流，互相了解彼此的想法，进而搭建更为广泛、更为深入的知识框架。因此，合作学习可以更有效地促进学生将所学内容应用到各个领域。当学生与比自己更高水平的同学交流互动时，他们能够将潜在的成长机会转化为具体的、稳定的发展，并且创造更广泛的成长空间。这些研究进一步发展了建构主义理论，为将其应用于教学过程提供了有利条件。

建构主义学派认为，教师应该与学生建立良好的合作关系，协助他们在知识建构的道路上前进，但主导建构过程的是学生本身。在教学过程中，应该促进学生主动地构建知识，而不是简单地被动地接受知识。该观点重视学生积极参与，不应消极等待知识的灌输，而是通过与周围环境互动和个人经验相结合的方式来创造知识，令个人经验更加实质有意义。它强调学习应具备以下特点：积极向上的态度、建构知识的方式、知识的积累性、明确的学习目标、反思和诊断学习过

① 尚可名片．建构主义（认知心理学派中的一个分支）[EB/OL].（2022-11-12）[2023-03-23].http：//www.95408.com/baike/81277.html.

程、探索性的学习方式、关注学习情境和社会因素及内在驱动的学习。建构主义主张，教学应以学生为主导，而非以教师为中心。它支持评价的目标自由，以真实任务为依据，以知识建构和经验积累为标准、情境导向，考虑学习背景、多元化的评价标准，采用多种形式的评价方法，并以社会建构和协商为评价标准。

根据建构主义的观点，学习是由学生主动参与其内部心理表征过程而来，这意味着学生并不是以被动吸收知识为主，而是在不断地与环境进行互动和交流中，借助自身的经验不断建构出新的理解。建构不仅仅意味着对新信息进行意义的创造，还包括对既有经验的改变和重新组合。维特罗克，提出了一种人类学习生成过程的模式，能够有效地阐述建构过程。

一些学者认为，学习是基于已有认知框架和新知识信息之间的相互作用进行的。这表明学生有权选择所需的信息，并聚焦于这些信息，积极地构建信息的含义。这些基本观点与皮亚杰和早期布鲁纳的思想在很多方面相似。当代建构主义者借鉴传统教学的经验教训，提出了许多具有创新性的教学方法，如随机通达教学和支架式教学，以推动教育教学的发展。近代建构主义学者将学习划分为起始和进阶两个阶段。基于高级学习的基本理解，又提出了一种适合高级学习的教学模式，即“随机通达教学”。这种教学模式注重通过多次重复学习同一个内容，在不同时间和不同情境下，从不同视角来探究问题的不同侧面。同时，情境也会不断变化以优化学习效果。这种教学方法能够培养学生对于概念的多维理解，从而更有利于学生能够在不同情境下建立不同的认知结构。可以观察到，这一思想与布鲁纳所提出的培养多样性的想法相符合，是对该理念的更深入和更广泛的推进。

二、建构主义的教学观

建构主义观点认为，知识的建构受到多种因素的有力影响，如时间、空间、环境等诸多因素。如果把知识同它所依赖的元素分离开来，就会让它失去真实性，学生也会失去学习的意义。因此，在授课过程中，需营造一个实例丰富、真实可感的学习环境，以方便学生理解和掌握知识境。根据建构主义的理论，学习是以经历情境为主要特征的，因此相比于抽象的规则教学，案例形式教学更有利于学习。在教育体系中，知识常常被视作固定不变、简单易懂的东西。然而，在实际生活中，这种观点会让我们脱离实际情况，因为实际生活中的知识通常是多方面的、复杂的，需要根据具体情况做出相应调整。建构主义理论认为营造能够刺激学生深刻理解所学内容，并让学生感受仿佛置身其中的现实场景非常重要。因此，教师要创设适宜的学习环境，让学生有充足的机会展示和检验自己的知识和能力，从而有效激发学生内在的学习动力。教师应当满足学生外语交际的需求，因为这是学生学习外语的主要目标。课堂教学应该尽可能地接近现实情境，涵盖高职学生的智力因素和成长需求，并具有时代特色。只要我们尽力做到这一点，就能充分激发学生的学习热情和主动性，提升他们在听、说、读、写、译各个方面的能力的深度和广度。

学习并非仅仅是简单地累积渐进的知识，而是与人的思维发展密切关联，它是徐徐展开的过程。随着人们头脑的发展变化，他们会越来越熟练地处理问题、拥有更广阔的视野，这将有助于学习进程的有效推动。随着认知水平和思维方式的进一步提高和完善，同一个人在外语学习初级阶段所采用的方法和策略，与其中级和高级阶段所采用的方法和策略会有所不同。当高职英语专业教师设计课堂模式时，应根据学生水平的提高而灵活运用不同的形式和方法，以便将思维发展与语言、环境的关系及学习过程相互联系起来。当教师面对的是成绩较好的学生时，过于简单的学习内容及乏味的重复练习可能会导致学生失去兴趣。这些学生已经具备了一定程度的认知和分析能力，如果他们能够将这些知识与课堂学习相结合，就可以更加自然和恰当地使用语言。高职英语专业的教学活动不仅涉及知识的掌握，更涉及思维的运用。为了鼓励学生积极参与语言实践，我们需要在思维训练和语言训练之间达到良好的平衡，让学生在听、思考和表达的过程中不断提升自己的能力。建构主义主张以协作与对话为核心，让学生主动参与并互相商讨，通过语言和文字的交流来实现学习目标。教师应该在平等沟通的前提下，促进教师与学生之间及学生与学生之间的合作与交流。

支架式教学是当代建构主义学者所推崇的一种教学思想，其影响力在教育界也是很大的。支架式教学指的是教师通过提供帮助和支持，逐渐引导学生掌握管理学习的技能，直到他们能够独立进行学习并成功完成任务，然后教师撤去支架，让学生真正做到自主学习。支架式教学可分为三个步骤：①预热，即引导学生进入特定的问题情境，标志着教学的开始；②探索，在此过程中，教师应帮助学生确立目标，引导他们进行实践探索，逐渐促使他们主动去发现；③独立探索，在这一阶段，教师会放手让学生自由选择探索的方向和问题，并独立地决定采用哪些方法进行探索。

这种教学方法的关键在于，在教师的指导下，鼓励学生自主探索学习。这一理论与维果茨基所提出的协同学习和布鲁纳所倡导的引导性学习方法相似，其共同之处在于都强调了教师的指导对于学生的发现式学习是至关重要的。支架式教学注重指导学生发现学习过程，减少指导成分，最终让学生能够独立发现学习，学习过程由教师主导转向学生自主探索，教师的角色逐渐转变为监控和引导。自20世纪70年代起，苏联心理学家维果茨基的思想逐渐渗透到了西方教育心理学领域。他们开始着重于通过构建思维来激发知识的发展。现今的建构主义研究教育可以从维果茨基的教学理论中汲取一些有益的思想和启示。

因此，我们可以将建构主义教学观解读为以下五点。

（一）以人为本——学生主体教学观

教育的本质是推动人类的进步和成长，教育的中心在于学生。在建构主义的教学理念中，学生被赋予了更多的主观能动性及构建知识的能力。这种方法不再将学生视为被动的知识接受者，而是赋予他们更多的自主权，让他们积极地参与知识的探索和构建过程。故此，教师不再充当发话的权威、滔滔不绝的演讲者，而是先行组织者，充当桥梁的作用。当前，师生关系正在向以学生为主体的民主化转型。教师的主要职责是帮助学生提升学习能力和技能，促进他们高效地学习。教师不仅会指导学生学习知识、技能和道德准则等方面的问题，也会在情感和人际交往等方面提供支持，帮助学生获取、筛选、处理信息和解决在学习过程中的各种问题。为了帮助学生全面发展自己的能力和人格，教师需要了解学生身心发展方面的特点，制订适合个体学生的个性化培养方案。由于网络技术的不断发展，教学模式也得以创新，这使得学生能够接触到更多丰富的学习资源，不再仅限于传统的教室听课。这也使我们从原本只为了掌握知识而学习的被动状态，转变为主动获取知识的能力，这种模式被称为“创造性学习”模式。

（二）凸现环境——情景的教学观

环境情景教学是以学生的生理特点和认知习惯为基础，考虑到知识掌握的准确性、学习效果和学生内心状态等因素，为学生创造一个全新、宜人、愉悦的教学环境，让学生在轻松、有趣的氛围中掌握知识、理解并消化知识，同时也不至于感到疲劳和厌烦。建构主义教学模式的理念是，语言教师应该为学生提供稳定的学习框架，并尽可能创造有助于学生运用语言的情景。因此，语言教师的主要职责是为学生提供支持，帮助他们构建语言学习的基础。那么如何营造语言情景呢？为了更好地帮助学生理解和运用英语知识，可以考虑建立商务文秘实训室、同声翻译中心和新闻发布中心等实践场所。此外，还可以采用实物展示、投影、图片、录像和声音模拟等多种方式来创造情境，帮助学生形象直观、生动活泼地理解英语知识并加以运用。就商务英语专业的教学而言，可以创建一个模拟公司，并设立各种办公室，如总经理办公室、商务谈判室、商务洽谈室和商务文秘室等。

通过使用逼真的语言和商务环境，学生可以在校内体验真实的工作氛围。他们可以“真刀真枪”地开展业务，包括完成单证制作、商务谈判、文件翻译和同声传译等学习内容。通过这样的学习，学生能够顺利地适应将来的职业要求，一旦进入工作岗位，就可以胜任相关工作。另外，无论在校内是否有条件建立实训场所，学校都应加强与社会的沟通，寻找校外实训合作伙伴，分批派学生进行实训。也可让学生参加出口商品交易会、国际高新技术交易会、国际服装交易会、国际家具交易会等活动，锻炼学生实际运用语言、商务知识的能力。

（三）勇于探究——问题本位教学观

教育的贡献程度与主体性的培养程度息息相关，主体性强的人对于个人和社会的发展都有着重要的作用。因此，在高职英语专业教学中，重要的基础性和核心性工作是促进学生主体性的发展。高职英语专业教师应该擅长运用案例教学法，引导学生主动发现问题、深入研究问题，进而解决问题。这个过程可以调动学生的学习积极性，让他们感受到学习的乐趣，逐渐掌握所学内容。这样做有助于培养和加强学生学习的主动思维、参与意识和创新精神，有助于增强学生的学习主体性。

（四）对话协商——合作学习教学观

在传统教学中，学生和教师虽然处于同一教室，但教学方式主要是教师向学生传授知识，而学生缺少机会向教师表达自己对问题的看法，以及展示他们解决问题的实际步骤。同班同学也很少互相讨论学习问题，与其他地区的学生合作交流更是罕见。合作学习教学方法，着重于教师引导学生自主互动并创造合作机会，使用小组活动为主要形式，让学生与教师一同完成教学任务，从动态因素中获取学习收获，提高英语运用能力，真正掌握交际技能。同时，培养具备优秀品质，如团结协作、勇于进取、善于交际的能力。

（五）综合评定——多维发展评价观

教学评价不仅是对教师绩效的评估，同时也是教学活动中不可或缺的环节。在建构主义教学观中，评价的目的已经转变为促进学生的成长，而非简单地甄别和选拔。评价的主体不再仅限于教师，而是转向了师生多方参与。评价不再仅限于学生学习成绩，而是转变成了评估学生个人素质的多方面表现。现在评价的方式方法已经从仅仅通过“打分”或“划分等级”来终结性地评价，转变为更加形成性的方式，即通过“描述”和“诊断”来评价。从原本只关注评价结果转向了关注整个评价过程的动态反馈，从过去和现在的评价对象转向了对将来表现的评价。总的来说，建构主义的教学评价观是一个综合评价观，能够促进学生自主学习发展。这个评价体系以开放性和多维度为特点，类似于一个“公文包”或者“档案袋”，对学生进行全面评价。

三、建构主义适合的学习领域

每一种学习理论都具备特定的适用范围和受众对象。随着学习任务的复杂度增加，学生的认知能力得到提高，学习环境变得更加多样化。因此，对应的学习理论也随之演进，从行为主义向认知主义再到建构主义转变。行为主义学习观适用于那些不需要深入思考的任务，如模仿语音、语调，记忆单词、语法规则等，利用反复的刺激和反馈来帮助学生掌握一些固定的技能和动作，从而提高学习效率。教授解决问题的技巧时，认知主义学习观是比较适用的，因为它适用于在新情境下运用事实和规则来解决问题。这种学习方法需要学生具备高水平的认知加工能力，不仅要知道如何做某件事，而且还要知道为什么要这样做。因此，这种方式适用于那些需要高度认知加工的任务，比如，高年级语言学习、国际贸易实务、商务营销等专业课程。但是该模式强调认知过程的学习策略，例如语义归纳、逻辑推理、深入思考等。据建构主义学习理论的观点，学生需要具备高度的认知技能和自我调控能力。对于那些需要高水平认知加工的任务，如解决复杂问题、选择和管理认知策略等，使用建构主义的学习方法是必要的，例如，通过情境学习、商务模拟和商务谈判等方式。此外，建构主义理论认为学习中情境、协作和交流等因素至关重要。因此，对于学习的环境，建构主义呼吁提供足够的材料、逼真的情景，并展示问题的复杂性等方面有较高的要求。

三种学习理论之间并非相互独立的，而是有着一定的重叠和交集。在同一种学习任务情境下，不同的学习理论可以用来指导采取不同的学习方法。在确定了学习任务、学生以及学习环境之后，教师需要借助主要的学习理论，创造最有效的学习策略。

四、建构主义理论在高职英语专业教学中的运用

建构主义外语教学观强调学生主动构建知识，与传统的教师灌输、学生被动接受式的机械教学观形成了鲜明对比。在行为主义教学观中，学习被定义为反复操练以建立联系，也就是建立条件反射。一旦建立联系，就相当于掌握了要领。在形成连接的过程中，核心活动包括演示（刺激）—模仿（反应），以及尝试—重复。这种教学方法强调的是教材的知识结构和逻辑结构，学习以强化反应为主，常常过于强调死记硬背。在教学过程中，重点在于如何进行教学，必须深入理解教材内容，通常不重视知识在学生头脑中的表达和整合方式，也没有充分利用多媒体和网络技术来增强教学引导。建构主义外语教学观不苟同乔姆斯基的语言习得机制先天论。而是认为语言不只是一种表现形式，更是一套内在规律的普适度语法体系。人类天生就具备语言习得的机制，只要接触到语言的输入，就能很快地掌握语言。建构主义外语教学观认为在语言学习过程中，学生通过与环境互动来主动建构知识，教师的教学帮助学生掌握认知工具，从而促进主客体之间的相互融合。

高职英语专业教学应充分体现建构主义理论中“以学生为中心”的重要思想。因为学生的个别差异是客观存在的。他们的语言潜能、学习动机、认知风格、态度情感、兴趣爱好、原有知识水平等可能会参差不齐。因此，在条件许可的情况下，应建立语言实验室、CAI 课室、学生自主学习中心，由学生根据自身的情况，

选择学习内容、学习时间，掌握学习进度。但要注意的是不能让学生放任自流，想学什么就学什么，想学多少就学多少，一定要以教学大纲为依据，以教学目标为动力。既要重视学生个别差异，因材施教，促进个性发展，又不能放弃教师的指导作用，被学生牵着鼻子走。

建构主义对现代教学理论的影响在于它挑战了客观主义的知识观。建构主义学者认为，知识是一种无止境的探索，不断被人们建构、重建和发展，而非固定不变的真理。教师的角色不是仅仅传递已知的知识给学生，而是扮演引导的角色，帮助学生探索和发现知识，培养他们独立思考和解决问题的能力。这样，学生能够自主地进行学习，并最终成为创造知识的人。在信息过载的时代，建构主义学习观能够更好地催生创新型人才，因为它有助于提高学生的高层思维能力，包括解决问题、批判性思维和创造力等方面的能力。高职英语专业教学可以从建构主义的角度得到以下四个启示。

（一）多媒体、互联网在教学中的运用

建构主义理论的核心概念在于学生本身，强调发掘学生自身潜能，通过教师的组织、引导和协助来实现学生自主性学习。教师在这个过程中作为组织者、导师和协助者发挥着至关重要的作用。近年来，随着现代教育技术理论和实践的发展，尤其是对多媒体、互联网等技术的研究和应用，教师越来越注重以学生为中心的教学方式，从而使得教学变得更加人性化。多媒体技术和互联网应用具有独特的特点，非常适合创建建构主义学习环境。二者相结合，在学生的认知发展和实际问题解决能力的提高方面具有显著的促进作用。基于建构主义教学观，将网络外语教学的多媒体集成、跨平台资源共享、个性化学习、交互和远程教育等许多独特的优势结合起来，可以打造一个理想的第二语言习得环境。在这种情景下，借助先进的多媒体网络技术，建构主义教学能够为学生创造真实的知识建构环境。通过提供一个直观形象的多媒体“情境”教学环境，不仅可以激发学生的学习兴趣和积极性，还可以帮助他们通过解决真实的问题来建立自己的知识。同时，这样的环境也非常友好，易于使用。通过将建构主义教学与多媒体网络技术相结合，我们可以充分考虑到学生在认知能力上的差异性。同时，我们可以对学习内容进行控制，引导不同的学生进行个性化的学习。此外，在学生建构新知识、解决新问题时，我们始终坚持先进行一个激活其原有知识的阶段。通过运用多媒体网络

技术和超文本方式，可以重新激活以前的知识，同时通过同化或适应的过程重新建立新旧知识之间的联系，从而推动认知能力的发展，使之从一个平衡状态进入一个更高的发展平衡状态。另一些学者认为，建构主义的学习应该具备社交和互动的协同学习特点。除了与物理环境的交互外，知识的社会性交互也同样至关重要。因为人的高级心理功能的形成是由社会相互作用内化而来的，每个学生都具有独特的知识经验，因此可以通过相互交流和合作来完成任务并共同解决问题。利用多媒体网络系统进行高职英语专业教学可以最大限度地提供各种互动功能，使学生有机会与教师、同学、教学资料和多样教育资源进行广泛互动，以实现更好的学习效果。通过这种社会互动，可以创造一个广泛的学习共同体，为知识建构提供丰富的资源和积极的支持。培养学生具备分析、综合复杂问题的能力，实现对高层次意义的构建。

在规划网络课程时需要考虑表现形式的生动活泼度、色彩的和谐性及页面布局的美观程度，确保重点内容得到多媒体表现。在设计课程内容时，应该尽量使用互动方式，鼓励学生在学习过程中积极地参与和思考。通过多媒体的展示方式，深入呈现疑难知识点的内涵，让学生深刻领悟，提高获取知识和创新能力。为了丰富学生的知识，网络课程应为每个知识点提供相关的参考文献资料链接。教学环境基础设施涵盖了一系列与在线学习相关的工具，例如，练习题、答疑系统、课程讨论和作业管理等，这些工具都在一个统一的教学支持平台上进行设计和管理。在线课程应该提供丰富、完整的题库内容，方便学生进行练习、自我测试和评估。练习题通常以判断题、单选题、多选题及填空题等形式呈现。这个题库应该包括试题的模块、题型、题目内容和标准答案等信息。用户可以通过系统浏览动态生成的练习题网页，并在对应的模块中建立到练习题的超链接。重要的是，更改题目和答案时不应改变原有的意思。此外，每门网络课程都应提供丰富而完整的答疑支持。这种支持可以包括一个答疑资料库，以及一个易于使用的网页界面，使学生能够发布和寻找答案。课程学习交流平台需要支持 Web 浏览、提交和管理讨论组内容等功能。作业管理平台需要包含作业提交、教师评阅及回馈和作业统计与管理等功能。

以深圳职业技术学院现代教育技术“15511 工程”为例，该校组织全校教师研制开发 100 门讲授型网络课程、50 门自主学习型网络课程、50 个专业资源库、

100个网络教学课程试验、100部实训教学录像片。网络教学课程试验是在先进的现代教育技术理论的指导下，充分利用各种网络教学资源，运用多种网络技术和工具，改革传统的教学模式和方法，实现多种教学和学习形式的有机结合，以达到改进教学效果和扩大教学规模及办学效益的目的。通过这类实验，可以推动教学改革，创立一个基于在线教育的全新模式。其中，“综合英语”网络课程已经建设完成，学生可非常方便地通过该平台，进行自主学习。它最大的特点是：通过建设资源库，利用英语这一工具，实现商务知识、语言学习和网络技术运用的完美结合。该课程资源库的建立和网络化，把英语语言、商务活动和网络沟通三者有机地结合在一起，具有非常重大的现实意义。该课程的目标是，建立一套高级、便于管理和使用的素材库；将商务英语专业大量相关教学素材，加以整理，编制成库，方便本专业教师教学备课，方便学生学习；发挥网络资源共享优势，充分发掘并利用网络资源开展教学活动；为商务英语专业的教学提供了辅助教学平台，满足现代化教学要求；全面提高学生的英语交际能力和商务知识运用能力。该课程充分体现了建构主义和人本主义等学习理论有关以“学生为中心”的教学理念，具有许多创新点：①该课程具有较高交互性，通过网络化、数字化等现代高科技手段，充分实现师生教学互动；②具有个性化，提供全方位的听、说、读、写“动态”题库和丰富的教学案例及相关网络链接；③通过建立学生疑难问题解答模块，增进师生间交流。教师可以根据学生的不同个性提供不同的学习辅导方法。通过这种个性化的教学，将大大提高学生的学习兴趣、主动性，重视发挥学生主体地位，学生利用网络环境进行自主探究、发现学习；重视发挥网络通信功能的作用，在网络环境下，促进学生之间的合作学习和交流，鼓励他们进行协商讨论。

（二）任务型教学

以任务为中心的语言教学是一种聚焦于任务的计划和组织语言教学的方法。任务／活动教学的理论基础源自杜威提倡的“通过实践学习”的教育理念。它的最大不同于传统的“3P”（presentation，practice，production）模式在于它抛弃了教师单向呈现语言知识给学生的方式，而是让学生通过完成任务来掌握语言的含义和形式，同时在活动和语言使用中发掘新观念和新技能。在英语教学中，任务型教学是在活动教学和交际教学的理念基础上发展而来。通过纽男（Nunan）

等人的实证研究和教学实践，任务型教学正逐渐成为一种新的教学方法。学生进行有交际目的的语言活动，以完成特定的工作或任务。任务型教学的特点包括：明确的学习目标（完成任务）、多样化的学习环境、学生积极的参与性，以及教师提供的支持和引导。

在任务型教学或任务型学习中，任务并非单纯的、零散的或者可以自由拼凑的教学或学习活动。相反，任务是整个教学或学习体系中有机的组成部分。任务是指使用口头或书面的语言，或者是综合应用语言来解决模拟或现实生活中的问题。任务需要充分综合各种能力相互协作，以达到课程总体目标。任务不仅能帮助学生掌握语言知识，而且能够促进学生个人成长，因此任务具有重要的教育意义。

根据里特伍德有关交际活动和交际活动的分类，任务和一般的语言练习的区别如表 2–4–1 所示。

表 2–4–1　任务和一般的语言练习的区别

	练习	任务
侧重点	形式	意义
现实生活情景	无	有
交际愿望与交际目的	无	有
评估标准	语言形式是否准确	任务完成与否
语言控制	严格控制	自由
教师纠错	立即纠错	观察、分析原因、纠正
信息流向	单向	双向或多向

任务教学法不仅适合于英语语言课程教学，也适合于专业课程的教学。以高职英语专业“商务英语”“商务模拟”等课程为例。学生在学习这些课程时，将英语的听说读写的训练与商务运作融为一体，充分体现英语与商务融合的特点。在教学中，以英语为工具，学习商务理论知识，讲解、分析案例，模拟商务谈判，制作商务单证等。教师先提出教学任务和考核标准，学生在教师的宏观指导下集中或分散练习，培养学生完成实际工作任务的能力。

（三）尝试／发现学习和探究／研究性学习

布鲁纳倡导的教学方法是通过试错和实践来学习和发现知识。他认为掌握学科结构的基本态度或方法便是“发现”，教学过程实际上就是在教师引导下学生自我发现的过程，学生利用教师或教材提供的材料，主动地进行学习，而不是消极地“接受”知识。[①] 从这个角度来看，学生应该采用类似语言学家和数学家的思维方式去思考语言和数学问题，通过自己的探索和发现，成为真正的“发现者”，并深入理解问题背后的规律和结论。我国历史上一直存在一种教育模式，即“启发式”教学。这种教学方式的核心是通过教师的引导，让学生自己发现结论和规律。在高职英语专业教学中，采用发现法可以帮助学生发现语言现象，包括语法规则和写作方法等，并且激发他们解决问题和找到解释的积极性。

探究／研究性学习指的是教师指导下的一种学习方法，学生会以类似于科学研究的方式主动获取知识，并综合运用所学知识来解决问题。研究型学习与一般的科学研究类似，均需要按照“提出问题、采集信息、形成解释、总结成果”的基本研究程序进行。问题是知识的表现形式，有效获得知识的结论需要由学生积极主动地思考、追问和研究得出。在高职英语专业教学中，可结合课文主题，要求学生就某一问题，通过查阅互联网、图书馆资料等，探究问题解决之道。然后向小组或全班用幻灯片作展示，这有助于学生发展探究、解决问题和创新的能力。

（四）合作学习／互动式外语教学

根据社会建构主义的理论，知识和能力的建构是通过“活动”和“中介作用”的相互作用来实现的。这些活动指的是由两个或多个人协同努力所获得的意义。他们强调了共同体的至关重要性，认为个体的意义存在或表达必须建立在共同体的基础之上。另外，他们将互相作用或交流看做教育的中心。合作学习是实现社会建构的最佳途径。合作学习是一种基于课堂人际关系的教学方法，以目标为引领，通过教师与学生、学生之间、教师之间的合作促进学习，以小组活动为主要方式，并以团体成绩为评价标准。通过采用标准化评估和其他方法，目的是提高学生的表现并改善班级内的社会环境氛围，培养学生的心理素质和社交技能。这种教学理论和策略体系极具实效性和创新性。与传统的孤立和竞争式学习相比，这种合作式学习被认为是一种更为理想的语言教学方式。这种教学方式在商务英

---

① 爱问文库．教育方法概论[EB/OL]．(2012—04—17) [2023—02—26].https：//ishare.iask.sina.com.cn/f/23986792.html.

语、国际贸易实务、商务谈判、外贸单证等课程中应用，效果最为明显。学生可在商务实训室中，模拟成不同的公司、公司中的不同部门、部门中不同的岗位等，通过团队合作，完成不同的商务任务。

第三章　高职英语教学特征

本章主要介绍高职英语教学特征，主要从五个方面进行了阐述，分别是高职英语与普通高校英语的差异、高职英语教育的应用性特征、高职英语教育的实践性特征、高职英语教育的具体意义。

第一节　高职英语与普通高校英语的差异

《高职高专教育英语课程教学基本要求》是高职英语教育的基石，是国家对高职英语教育的宏观管理指南，是教学部门在制定教学大纲、编写教材、进行课程教学质量检测与评估时的基本依据。《高职高专教育英语课程教学基本要求》之于高职英语教学的意义完全等同于《大学英语教学大纲》之于普通高等英语教学之意义。教育部分别为普通大学英语教育和高职英语教育制定两种不同的教育规范，这个事实本身就说明了这两者之间的巨大差异。通过两个文献的比较，我们对高职英语教育的特性有了更新的认识，我们发现它与普通高等英语教育的主要区别具体表现在以下四方面。

一、教学要求不同

高职英语教育的适用对象需要在入学前掌握 1000～1600 个英语单词[①]，而普通大学英语教育的教学对象则需要入学时已经掌握了 1800 个单词。由于学生的初始水平不同，因此教学要求也会有所不同，这导致在学习结束时，两者之间的差别会变得非常明显。在高职英语中，学生需要掌握 3800（A 级）～2500（B 级）英语单词，其中包含了 400 个专业词汇。而普通大学英语教育要求学生掌握 4200

① 原创力文档．高职高专教育英语课程教学基本要求[EB/OL]．(2021—11—12) [2023—03—22].https：//max.book118.com/html/2021/1118/7152032110004044.shtm.

个单词，以领会或掌握英语。就语言学而言，前者需要学生掌握英语的基本语法规则，并在口语、听力、阅读、写作和翻译中正确地应用语法知识；后者要求学生巩固并加强基本语法知识的掌握，在语篇层面上提高运用语法知识的能力。从听力方面考虑，前述要求学生能够听懂简单结构、清晰发音、语速较慢（每分钟110～120词）的对话和较为简单的陈述，并对其基本内容有正确的理解。相比之下，后者要求学生具备理解英语授课的能力，能够听懂语速为每分钟130～150词的简短对话、新闻报道和演讲，并抓住主要内容和讲话者的态度和观点。就语言要求而言，前者情况需要学生具备英语进行常规课堂交流的能力，同时还需要能够在日常生活和跨境业务中进行基本交流。就写作方面而言，前者要求学生在30分钟内就一般主题撰写80～100词的命题作文，具备填写和仿写简短应用文的能力，且没有大的语法错误并且格式得当。相比之下，后者要求学生在30分钟内用120～150词写出与特定主题或提纲相关且不含重大语言错误的短文。关于翻译方面的能力要求，前者需要学生使用词典，将中等难度、一般主题的交际材料及一般业务文字材料翻译成汉语。在翻译实用文字材料时，要求翻译生词不超过总词数的5%。此外，在这种方式下没有要求进行汉翻英的翻译，学生需要以每小时250个英语单词的翻译速度进行笔译。后者要求学生在使用字典的情况下，将难度稍低于课程内容的英语短文准确地翻译成汉语，翻译速度要求每小时达到300个英语单词；而在汉译英方面，学生需要熟悉汉语素材，并且能够使用字典准确翻译，翻译速度要求每小时达到250个汉字，且不能出现大的语言错误。

可以看出，高职英语教育与一般的英语教育在教学层面存在着明显的不同。这种差异不仅体现在学生入学时的英语水平上，而且也体现在学生在听、说、读、写、译等各个方面所需要达到的水平上。

二、教学目的不同

高职英语教育应当与高职教育的总体培养目标和对毕业生的基本要求相一致。根据教育部高教司的介绍，高职院校针对技术、生产、管理、服务等领域的高等应用型专门人才进行培养。高职英语的课程教学旨在让学生掌握一定的英语基础知识和技能，具备一定的听、说、读、写、译的能力。这样，学生就能够利用词典进行英语业务资料的阅读和翻译，并在日常和业务活动的涉外交流中进行简单的口头和书面交流。同时，高职英语还为学生今后进一步提高英语交际能力打下基础。

高职教育除了加强学生的英语基础知识和基本技能的培训，还应注重培养学生实际运用英语进行交际的能力。普通高等教育的宗旨是为了培养那些既具有学术成就又具备工程技能的人才。大学英语的教学旨在培养学生在阅读方面具有高超的技能，并具备一定的听说读写翻译能力，以便于他们能用英语进行有效的信息交流。普通高等教育的学生应该努力打好语言基础，同时掌握行之有效的语言学习技巧，以提升自身的文化素养。

这两者有明显的区别：首先，高职英语的重点在于培养口语交流技能，尤其是听说能力。相反地，在大学英语中，强调的是提升阅读技能。高职英语强调提高实用业务英语技能和跨文化交流能力，以实现语言的实际运用。而大学英语则注重学生的语言基础知识培养和文化素养的提高。

要真正实现高职英语教育的教学目的，就必须做到：

首先，我们需要重视语言学习的模式，恰当地处理听、说、读、写、译这五个方面的技能，以确保所有技能都得到均衡地发展。需要特别重视提升口语和听力能力的发展。过分注重阅读和翻译能力，而忽视语言表达能力，不仅不符合高职英语教育的实际需求，也违背了语言教学的原则，不符合现代学生素质教育的要求。高职教育追求素质教育，侧重于全面发展听、说、读、写、译等语言能力，不仅注重书面英语能力，还注重口头表达能力，不止强调语言输入的训练，也注重语言产出能力。

其次，为了适应技术型人才职业岗位特点，以及满足改革开放对涉外业务交际能力的需求，应适度减少对英语阅读能力的要求，加强听、说能力的培养。具体来说，可以在保持文字意义不变的情况下，降低学术阅读的难度，并加强实用阅读的训练。这意味着需要注重应用性文献的阅读和写作训练，以实现将理论与实践相结合的目标，使学习和实际应用的紧密联系更加有机。

最后，要特别强调提高语言技能，并注重培养实际运用的能力。通过实际应用学习，逐步掌握知识技能并应用于实践，避免盲目打基础。以“应用为目标，以满足必要需求为准则”，注重语言交流的实用性，不断提高实际应用能力。通常情况下，应用型人才需要进行口语交流和简洁书面交流。相对而言，他们不太需要涉及太多长篇学术论文的阅读。

三、教学内容不同

高职英语和普通大学英语各有不同的教学特色。就高职而言，它强调技术英语和职业英语的教学，注重学生在这些领域的专业知识，而普通大学英语则更注重学生基础语言能力的培养和语言的文化性、学术性，更倾向于学术英语。即使在语言共核的处理方面，两者也存在着不同的策略。高职英语的课程设计和目标是围绕着应用在实际工作中的涉外业务英语活动展开的。根据需求和使用情况进行评估，确保教学内容具有针对性和实际可行性。紧密围绕交际和实用的目标展开教学，同时创造满足这些目标的条件。高职英语教学注重关注重要内容，重视常用语言知识和技能，同时将语言基础训练与实用的日常和商务语言沟通技能相结合。因此，必须采用多样化的教学方式，促进学生把理论知识转化为实际运用的技能。此外，强调高职英语学习应注重实用业务能力的培养，重点关注与专业相关的语言技巧，以应对日后在实际工作中所遇到的涉外业务英语为主要教学目标。

应用能力是指在实际的跨语言交流环境下，将语言知识和技能灵活、恰当地运用，以达到有效沟通的能力。它既包括对语言基础知识的掌握，又包括对语言在实际情境中的适应和创新能力，是语言能力的最终呈现形式。将这两个方面区分开来有助于展现“实用至上，以适度为原则”的教育理念，也即将“实用”视为课程体系培养目标的最终追求。

四、教学方法不同

正如先前提到的，高等职业教育的特色之一是理论和实践的紧密结合，以及基础知识与专业技能之间的无明显分界。这与大学英语注重灌输语言知识的方式不同，后者更加注重先学习语法知识再进行技巧训练的规则。相比之下，高等职业教育更注重将基础知识与实际应用相融合，打破了先学习基础知识再学习理论、先学习语言知识再进行语言实践的划分。

除了巩固英语语言基础，还应该注重掌握实际运用英语的技能，尤其是在处理日常涉外业务时所必备的能力。在英语教学中，我们应该以“实际应用为最重要的目标，同时具备必要的语言基础和应用能力”的理念为指导，这既可以确保学生掌握实用的语言技能，也可以为他们今后的职业和学习奠定坚实的基础。因此，我们需要强化学生的语言基本功的训练并注重提升实际进行涉外交流所需的语言应用能力。

理论和实践必须紧密结合，以确保应用层面的实用性，否则学生可能会感到乏味无趣。在教学步骤方面，需要平衡语言基础教学和实际应用语言能力的培养，而不是只注重基础和技能的教学或只关注应用能力的发展。我们应该避免走过去只先讲基础再讲应用的老路。高职英语教育学时和学制要求，在教学中应该同时注重基础理论知识的学习和应用实践能力的培养。该教学方法符合实践理论认知过程，具有高职教育独有的灵活的课程安排和强调实用性和针对性的教学特征。因此，我们需要将语言基础能力的培养与实际的国际交流能力结合起来。

我国高职教育发展的 10 年，正好是现代教育技术在教学中高速普及的 10 年，所以高职教育与现代教育技术有着天然的联系，它一开始就将现代教育技术纳入自己的教育手段之中，并由此极大地提高了课堂教学的交互性，很大程度上实现了语言教学的个性化，也适应了高职英语教育强调听、说能力培养的要求，提高了教学效率。

第二节　高职英语教育的应用性特征

高职英语教育以应用、实践和实用为主要特征，这种特征不仅体现在教学目标上，还贯穿于教学过程和内容之中。这个特别的教育系统清楚地说明了高职英语教育与普通高等英语教育不仅是分开的两类，而且能够推动普通高等英语教育的进步，有很多独特的特点，它是广大高职英语教育工作者在理论上、实践中孜孜以求的结果。它不但展示了高职教育的整体要求和特色，同时又符合当代英语教育的标准，顺从了语言认知的规律，并且具有广泛的应用语言学方面的知识。

高职英语教育的应用性旨在使学生获得语言交际能力，并在语法、社交、话语及策略等方面进行全面培养，以达到高职英语教育的最终目标。我们的教学就必然要跨越句子层面的约束，突破语法内容，语法教学的传统，切实在语言意义，语言在真实环境中的使用方面有所作为。

实现有效的沟通是语言教育的最终目的。学习语言被认为是获得语言习惯、内在规则逐渐改变，以及掌握运用语言表达和处理事物的能力。高职英语教育的目标在于提高学生的英语应用能力，使其在国际交流、日常工作和生活中能够有效地沟通；向学生传授语言技能意味着向他们介绍如何使用语言来沟通和表达思想；增强学生的交流能力，指的是加强他们运用语言的技能，有助于他们成功地完成交际任务，实现预设的交流目标。简单来说，就是通过学习，提高学生的听、说、读、写、翻译等技能，并增强在实际交际中运用语言的能力。

在高职英语教育中，需要同时关注语言和非语言方面的层面。需要在教学过程中，不仅要注重学生句子层面的语言交际能力，同时还需拓展传统语言层面的观念，将教学活动延伸至社会语境层面，实现全方位的语言交际能力培养。社会语境是决定语言使用方式的重要因素，决定了语言在不同场合的实际运用。社会语境既反映了语言的价值观，也是语言交流功能的实际体现。

一些学者认为，将语言学习过程与实际使用语言的过程分离并抽象化，可能会对学习语言造成严重的干扰。教授语言的目的不仅仅在于让学生能够发出单词的音，也包括培养学生理解句子的语境和表达意思的能力，而非简单地通过翻译目标语言到母语来证明理解。事实上，语言教学的目的是培养学生成为全面的语言使用者，在他们广泛应用所学语言的过程中，结合新的语境和需求，真正地创造出全新的语言表达。

还有一些学者提出了另一个观点，即“掌握语言知识并不一定意味着拥有运用语言的能力。知识只有在被实际应用时才会得到真正的成果和价值，因此必须注重将学到的知识转化为实践。”尽管语言是人类主要的沟通方式，但语言学习长期以来一直被限定在知识的积累层面，忽略了语言使用环境的影响。这导致了英语学习中一个令人担心的结果：学生不能流利地口头表达。在高职英语教育中，我们必须避免出现这种尴尬局面。

学者徐小贞认为，在高职英语教学中，应该涵盖多个方面的知识，包括但不限于语用、语义、语法和句子等等。我们需要从更广阔的角度来处理语言问题，不能仅仅停留在语法和句子的表面层面。句法和语法只是了解语言形式和规律的一部分内容，在涵盖语言的功能和意义方面则非常有限。我们应该把语言教学的重点从单一句子的构成特点转移到如何运用句子组合来构建语篇。对语言结构知识的严格规范可能会威胁到我们对语言教学理念的维护能力。

判定一个语言教师是否成功的一个重要因素是能否帮助学生发展他们的意义潜势能力，也就是俗称的“选择想要说话的能力”，正如韩礼德的观点：如果一个人拥有更强的意义潜能，那么他的语言表达能力和社交技能也会更强。

高职英语是培养学生掌握语言技能，特别是在日常生活中使用英语的能力，这是教授高职英语的首要目标，同时也是高职英语教师最亟须履行的责任。

第三节　高职英语教育的实践性特征

高职英语教育所注重的实际操作性，在教学过程的各个环节皆有体现。把学到的知识应用到实际中去，是学习的目的所在。只有通过实践，才能真正地掌握知识，并且通过实践，语言能力也能够得到提升。语言是一种技能，而不是纯知识，因此有必要专注于语言技能的教学，尤其是语言的输出性，于是非语言知识教学便成为必然。

实践是通过反复行动来加强技能，巩固已学知识的过程。学习语言的人通过听、领会和积累语言知识来受益，最终能够自然而然地掌握语言并达到自动化的程度，从而能够流利地理解和表达。

一、特征之一：社会性功能之环境特征

适于学生实践活动的环境对实践效率至关重要，什么样的环境最适于实践活动呢？从理论上讲，富有下列特质的学习环境将有助于快速的语言习得。

（1）有大量直接针对学生的高质量语言输入，这种输入可以来自学习材料，可来自教师，也可能来自学生自己。

（2）学生确有用目的语交际的需求，学生动机因素不可或缺。

（3）学生独立控制部分学习内容（控制题目选择），这是学生的自主性的一种体现方式。

（4）遵守“此时、此地”准则，这是保持实践交际化的前提。

（5）教师和学生或学生之间进行某些语言行为的演练，因为学生需要用于实现不同语言功能的听和说的机会。

（6）频繁接触高质量指令的机会及展开性话语的机会。

（7）新语言的实践机会（提供实验性使用新语言形式的机会）。

二、特征之二：实践活动的特征

（1）有效性。实践需激活学生准备练习的某种技能或材料。有效性不一定指现实生活中交际语言的翻版。

（2）基于学生现有语言基础之上，有诊断性、测试性之特征。

（3）语言容量，在有限的时间内容纳尽可能多的语言量。

（4）成功性。不准确或不地道的语言重复只会造成错误的“僵化”和学生的失落感，所以选择、设计和组织学生尽可能成功地完成实践活动便显得极为重要，但成功并不意味着完美无瑕。

（5）包容性。考虑到不同层次学生的需求，从而促进更广泛的参与。

在考虑何种活动、角色适合特定学生时，教师应考虑以下因素：

①为确保活动顺利进行，应该使用与学生语言能力相匹配的语言，这意味着使用学生能够理解和运用的较为简单和独立的语言。

②语言结构的作用不仅限于特定情境，通过在教室中模拟交际技能，学生的语言创新能力可以应用到其他语境中。

③学生所使用的语言，不仅能有效地表达功能，还非常适合他所处的社会环境，即语言的可接受性。此外，教师要力求学生最大、最经济的学习效益，教室内的场景类似于真实的交际场景，这对于那些有明确学习需求的人尤其重要。

（6）趣味性。除了给人带来不快的感觉外，乏味还会导致学生失去注意力，缺乏学习动力，从而影响学习效果。学生对某些学习内容产生兴趣，其主要原因在于对于正确答案的挑战感到吸引，对于有趣的话题和表达方式感兴趣，对于有趣的任务感到着迷，同时被吸引力强的材料所吸引。

三、特征之三：实践教学的适用性特征

有些人怀疑实践教学的有效性，他们认为它不符合语言认知规律，因为该教学模式没有按照先建立语言规则、然后学习句型的常规方式进行教学。

孩子在学习语言的过程中往往可以在很短的时间内成为新语言的熟练使用

者，这常常会令他们的父母觉得意外。这说明语言认知不是累加的，因此语言学习可以通过学习整个语言组块而不是一项一项进行，语言技能的训练并不一定需要以语法知识为基础。

尽管有一些语言学家和心理学家强烈主张必须按照特定顺序学习语言，但也有学者对此持不同意见。他们认为，如果英语学习确实是可累加和线性的，那么这无法解释人们如何学习英语。如果按照从容易到难的顺序，依次学习每个音节和语法规则，以及复杂词汇的特征，那么孩子在能够说出正确的句子之前需要花费很长时间，有可能直到老年才能掌握，而那时可能已经去世了。

埃利斯（Ellis）提出了四个语言习得时期，包括基本语法阶段、词语变换阶段、词汇开发及复句子结构阶段。他强调指出这些阶段并不是明确分隔的，它们通常是相互交错的。

虽然语言认知有内在先后顺序，但具体语言特征的发展顺序因人而异，不能给出一种适用于所有人的可靠的语言认知发展顺序描述。因而，将语言的理论和实际操作有机结合起来，不再按照传统的“先学基础理论，后掌握语言技能”的教学模式，也不再只强调规则传授而忽视实际使用，这不仅符合高等职业教育目标的需求，同时也遵循了语言认知规律。在某一时期学习为一个整体行为，而非技能构成的一种组织。因而，在高职英语教学的全过程中，实践性教学应具有贯穿性。不仅可以用于高年级学生，也适用于高职英语学习的初期阶段。

第四节　高职英语教育的具体意义

美国著名未来学家奈斯比特在《大趋势》中曾预言，21 世纪成功的美国人必须掌握 3 种语言：英语、西班牙语和电脑语言。其中西班牙语是美国的第一外语。同样，作为国际性语言，作为我国第一外语的英语在 21 世纪也是合格的中国人的必备工具语言。

目前，高职英语教育非常重要。首先，由于国际社会经济、文化的空前一体化，国际人才市场技术型人才的需求和竞争，达到前所未有的白热化，业务管理和技术应用岗位所需的人才成为全球化竞争的主要对象。随着我国对外开放程度越来越大，作为工作语言的英语，就成为在外资公司就业发展的先决条件。随着我国对外开放程度的日益加大（世界走向中国）及我国加入 WTO（中国走向世界），越来越多的外资公司和组织进入中国，中资企业和组织走出国门将成为不可逆转的潮流。中国境内的中资企业和组织，也将越来越频繁地与外资企业和组织发生越来越深入、全面的接触及合作。对外交流的机会大大增加，作为国际第一语言的英语便显得尤为重要。据分析，中国在软件方面落后于印度是因为国内的总体水平仍然不高，大部分美国公司没把服务放在中国是因为在语言沟通上存在障碍。但随着英文流利程度的提升，这一情况正在发生变化。

其次，高职教育所培养的技术应用型人才，其工作岗位在生产、建设、管理、服务第一线，是将设计、规划变为产品或现实的桥梁，他们既不同于从事理论性，学科性研究的学术型人才，又有别于专事产品设计和规划的工程型人才，亦有别于专事具体操作和生产的技能型人才。与其他人才类型的工作的区别在于：其他人才类型的工作较为单纯，个体性较强，涉及层面单一，如工程型人才囿于书斋，只负责设计、规划；技能型人才负责具体实施；而作为理论与实践、设计与实施桥梁的“中间人”的技术型人才则必须涉及多个层次，起承上启下的作用。他们既要通晓和领会设计、策划意图，又要精通操作、实施技术，熟悉运作程序。因此，技术型人才的组织协调能力、语言沟通能力就显得比其他类型人才更为重要。这里所说的语言沟通能力，既包括母语，又包括英语；既含书面语言（用于书面信息、科技文献），又包括口头语言。前者主要用于各种管理、技术信息的摄取及书面沟通，后者主要用于工作现场与外国同事的面对面交流；既包括属于语言共核的日常用语，又包括专门用途英语（ESP）范围内的技术与专业语言；既包括规范的语言，又包括 ESP 意义上不同语境下的语言使用方式。

所以，高职英语教育比其他高等教育类别中的英语教育显得更为重要，这从美国普渡大学两个专业的课程设计规划中可以得到印证。该校电气工程专业培养工程型人才，属工程教育；电气技术专业培养电气操作技术人员，属技术教育。电气工程专业的英语和语言类课程只开了 2 学期，仅有 6 学分；而电气技术专业的英语和语言类课程要开 5 学期，15 学分，开课总量和学分都是前者的 2.5 倍。可见技术类教育对语言能力的要求要远远高于工程类教育，尽管英语是美国人的国语，但它关乎人的语言沟通能力，对我们仍有不可忽视的参考价值。

具体而言，英语教育对于高等职业教育所培养的技术型人才来说有下述四方面的意义：

一、能够融入时代主流，实现自我价值

在当今社会，信息技术不断发展，网络化已经成为我们的现实。英语作为主要的工具语言，用于传递各种媒体和载体的信息。若想跟上时代潮流并融入主流社会，避免成为“外行人”，就必须及时了解全球时事、科技及经济发展，特别是关乎自身未来的最新消息。虽然我们可以通过中文媒体获得一定程度的信息，但是它有局限性和时间差，而英文媒体则可以提供及时、更丰富和意外的信息，使我们能够更直接地与世界交流，实现信息和专业趋势的同步，使我们成为真正的“国际人”，在国际竞争激烈的技术人才市场上占据优势，成功实现自身价值。

二、能够提高智性，完善思辨能力

外语学习的结果不光是语言交际能力的提高，更可以是思维方式的拓展、价值观念的重组和人格结构的重塑（良好的外语教学有助于受教育者素质的提高）。人与动物的根本区别在于语言，人类掌握和使用语言。语言是思想的外壳，是思维的工具，是传承人类智慧和文化遗产的载体，更是学习和交流的手段。语言能力使人成为万物之灵的根本，是人的最重要的能力。显然，技术型人才通晓的语言越多，其能力便越强。

神经生理学和心理语言学的研究表明，人们学习和使用母语时，主要动用大脑的左半球，而学习外语时，则启动了大脑的右半球。科学研究还表明，大脑左右半球既有合作，又有分工。左半球以抽象思维、听觉和分析性思维为主，而右半球专事形象思维、视觉和综合性思维，所以英语学习可帮助技术型人才使大脑两半球均衡协调发展，有效地提高自己的综合思维能力和形象思维能力。此外，英汉两种语言模式的差异，反映了两种思维模式的不同。学习英语的过程，实际上是认知和养成一种新的思维模式的过程。优秀的语言学习者，不仅建立了目的语的语言习惯，关键是他已经建立了目的语的思维模式。养成语言习惯容易，而建立思维模式难。由于工作性质不同，技能型人才获取了英语的语言习惯即可，而技术型人才则最好构建英语的思维模式。所以，学习英语实际上是拓展学生的

思维方式，开发思辨能力，提高智性，提高技术型人才的综合素质，这也符合素质教育的要求。

三、能够掌握交际工具，解决实际问题

显而易见，在不久的将来，英语会成为大多数技术型人才的工作语言，成为他们获取工作机会的前提，顺利完成本职工作的保证。如前所述，与其他人才类型相比，由于技术型人才的工作岗位性质（工作现场头绪多、变化快、突发事件频繁），他们使用英语的频率更高，与人交流的机会更多，交际效率的要求更高。就英语使用而言，他们涉及的语域更宽泛（可能是管理语言，也可能是技术语言，也可能是商贸语言），使用的语式更繁杂（既可能通过电子邮件，也可能打电话，而更多的是面对面地交谈），采取的交际策略也更具灵活性。

四、能够提高跨文化交际能力

英语教育可以赋予技术型人才以智性和跨文化交际能力。此外，交流还包括文化因素，并不仅限于语言。除了语言障碍之外，与非母语文化的人进行语言交流时还需要考虑习俗、宗教和价值观等因素对交流的影响。人们有可能在相互接触时由于文化不同而产生冲突，即使语言学习者的表现出色，他们仍可能因文化差异而遭遇交流障碍，从而降低对周围世界的理解。因此，掌握一种语言并不仅限于学习语言本身，在语言学习中，除了是培养交际能力的重要方面外，目的语言所涉及的文化知识本身也是教育课程的一部分。所以高职英语教学要兼顾语言的个体性、社会性，帮助学生熟练掌握语言技巧，并且成为成功的跨文化交际的人才。

第四章　高职英语技能教学

本章主要介绍高职英语技能教学，主要从五个方面进行了阐述，分别是高职英语听力技能教学、高职英语口语技能教学、高职英语阅读技能教学、高职英语写作技能教学、高职英语翻译技能教学。

第一节　高职英语听力技能教学

在整个英语学习过程中，听力既是学习英语的途径，也是一项需要独立训练的语言技能。从某种程度来讲，听力的好坏直接影响英语能力的全面提高。近年来，随着高职英语教学改革的推广，听力教学受到越来越多的关注和重视，本节就主要介绍高职英语听力教学。

一、高职英语听力教学概述

（一）高职英语听力教学的目标

《高职高专教育英语课程教学基本要求（试行）》将听力教学的目标划分为两个层次，如表 4–1–1 所示。

表 4–1–1　高职英语听力能力的分级目标

能力要求	具体描述
A 级	能听懂日常和涉外业务活动中使用的结构简单、发音清楚、语速较慢（每分钟 120 词左右）的英语对话和不太复杂的陈述，理解基本正确
B 级	能听懂涉及日常交际的结构简单、发音清楚、语速较慢（每分钟 110 词左右）的英语简短对话和陈述，理解基本正确

听力教学活动的开展是以促进听力理解和技能运用能力的提高为目标的。由表 4–1–1 的目标要求可以看出，听力教学要注重达到技能训练与信息获取的双重

目的。因此，教师在听力教学中不仅要训练学生的听力能力，还要督促学生掌握听力材料中出现的语言知识点。

（二）高职英语听力教学的内容

高职英语听力教学的内容概括起来包括四个方面，即语音训练、听力技巧、听力理解和逻辑推理训练。

1. 语音训练

学习一门语言，首先就要学习它的语音，掌握单词的正确发音。语音知识的缺乏会直接导致听不懂听力材料。语音训练包括对听音、意群、重读等的训练，训练应该按照词一句一文的顺序。学生在语音训练中存在很多问题，主要包括以下 4 种：

（1）很少注意英语的读音规则，如轻、浊辅音后加“-ed”以后区别的发音。

（2）同音词或发音相似词的辨析。如 chip—cheap、ship—sheep、bed—bad、pin—pen、sit—seat、hear—shear、house—horse 等。

（3）对语流上出现吞音、连续、弱化等情况的掌握不佳。

（4）难以区分美式发音和英式发音。近年来，美音教材逐渐增多并呈流行趋势，学生缺乏对语音规则的学习和技能训练，因此在真正的语言环境中，很难快速、正确地反应，从而影响了听力的理解。

基于此，教师在日常学习中要加强学生的语音训练，从而提高学生的语音辨别能力，为提高听力理解打下坚实的基础。

2. 听力技巧

听力技巧的训练包括 3 个方面：选择注意力、记笔记和词义猜测。

（1）选择注意力。选择注意力指的是在听的过程中将注意力集中于听力材料的总体或重要部分，避免在听的过程中受到来自信息源或其他各种信息的干扰，影响对所要获取信息的提取。

注意力的选择与听的目的有关。如果听的目的是获取有关事件发生地点的信息，听者就能够有意识地把注意力集中到与地点有关的信息上；如果听的目的是了解事件发生的原因，听者就会把注意力集中到原因表达方式上，或把注意力集中到事故前后的相关事件上，并且会关注一些与此相关的词汇或短语，如 for、cause、lead to、bring about、because of、on account of、as a result of 等等。

（2）记笔记。记笔记是听力训练过程中要掌握的一种重要技能。日常生活中我们也需要记忆一些东西，比如，打电话时我们需要记录对方所说信息，见面也要记住一些更多的细节，如见面的时间、地点；听课或报告时也需要做适当的笔记。因此，在听力训练过程中，我们为了避免遗忘也要适当记录一些所听内容。

（3）词义猜测。词义猜测是听力教学中必须要培养的一种能力。我们常常会遇到这样的情况，当听的过程中出现了一个不熟悉的单词，我们往往就会纠结于此，耽误下面的听力内容。这是听力的一大忌讳，可谓是因小失大。因此，遇到不熟悉的单词，一定不能慌，要静下心继续听下面的内容，并且结合上下文来推测词义。根据上下文信息判断说话者所表达的含义是信息理解的基础，根据上下文的信息我们可以判断说话者在讲什么，将要说什么。

3. 听力理解

听力教学的目的是要训练学生对句子和语篇的理解能力，使学生的理解进步加深，由“字面”到“隐含”再到“应用”。一般来说，理解包括两个方面的内容：大意理解和细节理解。

（1）大意理解。听力理解中的核心技能要求之一就是对文章大意的理解。大意理解主要要求听者能够综合所听信息判断其主题、话题、中心大意等。长期以来，学生在听力训练的过程中还只是停留在关注某一个或几个具体信息上，加之听力对短时记忆能力的要求，学生很容易出现“只见树木不见森林”的现象。因此，大意理解是听力教学中必须训练的技能。但是，由于听力材料的自身限制，并不是所有的听力都可以设计大意理解活动。

（2）细节理解。细节理解的表现形式有很多，如信息的判断、信息的提取、信息的再现等都属于细节理解范围。在平时的听力教学中，对这一技能的训练主要通过反复精听来实现。例如，要尽量准确无误地听出文章中出现的重要的数字、年代、各种事实细节等，这就需要反复精听。科学系统地精听训练对学生来说非常重要，通过一段时间的精听训练，对于文章中的每一个语言点，学生都可以轻松捕捉和分辨。

4. 逻辑推理训练

在听力教学中，训练学生的逻辑推理能力是十分必要的，因为语法和逻辑知识是正确理解和判断的必要条件。

在听力训练过程中，学生要对信息有一定的预测能力，当能预知将要听到的信息范围时，头脑中该范围的知识储备就会被“激活”，那么听力理解的效果就会更好。比如，一段听力材料中，关于主人公 Mike 一共有四句话的描述。

（1）Mike was in the bus on his way to schoo1.（迈克在去上学的路上坐在公共汽车上。）

（2）He was worried about controlling the math class.（他担心控制数学课。）

（3）The teacher should not have asked him to do it.（老师不应该让他做那件事。）

（4）It was not a proper part of the janitor’s job.（这不是看门人工作的一部分。）

在听这四句话的过程中，我们的判断一直在被推翻。当听到第一个句子时，“on his way to school”会让我们想当然地认为他是一名学生；但当听到第二句话“controlling the math class”时，我们又会猜测他应该是教师；第三个句子“the teacher should not”又推翻了前面的判断，使我们又回到了最初的推断，即他是一名学生；最后一句话的出现让我们知道 Mike 原来是学校的看门人。

由此可知，在听听力材料时，判断是随时可能发生改变的，因此我们要根据材料运用逻辑推理能力来建立或改变自己的推测。

（三）高职英语听力教学的方法

1. 任务型教学法

任务型教学法起源于 20 世纪 80 年代，并广为应用语言学领域所认可和接受。任务教学法通常以完成任务为教学目标，并以任务作为组织教学的单位。所有的教学活动都围绕任务进行，教学活动随着全部教学任务的完成宣告结束。

实践证明，将任务教学法应用于高职英语听力教学中能够充分发挥学生自身的认知能力，使学生在参与、体验、互动、合作中增进理解、发展语言。

任务教学法在高职英语听力课堂教学中的运用主要分为以下 3 个步骤。

（1）听前任务

听前任务是为了帮助学生激活已有的与听力材料有关的背景知识。除此以外，教师还要根据听力材料的内容适当地给学生补充背景知识，包括内容背景知识和形式背景知识。其中，前者是指对不同国家、社会与文化的了解，而后者则指对文章文体、类型、结构等语言知识的了解。

听前任务的设定能够帮助学生回忆已有知识，通过激活背景知识降低学生的理解难度，使学生将旧的知识和新的知识加以结合，增进理解，在完成任务的过程中获得成就感和听力学习的信心。

（2）听时任务

听时任务是听力实践的阶段，主要训练学生适应语音、语速、语调，熟悉文章大意、捕捉文章细节和主要信息，保证听的有效性。此阶段，教师可以通过采用丰富多彩的教学活动，如边听边记录，根据听力信息对相关内容排序，根据听力信息表演相关动作或绘出图片、填空等，培养学生学会使用听力技巧和策略，训练学生的信息理解和听力技能运用能力，以更好地理解和记忆材料内容。

（3）听后任务

听后任务包括两个方面。①检查学生任务的完成情况，分析学生的错误答案及其产生的原因和解决办法。②在理解输入的基础上，培养学生提取信息的能力，并及时布置语言输出的任务，使学生通过运用语言将听到的语言知识转化为语言能力，加速学生语言的内化过程，促进语言的输出。学生在语言输出的过程中，教师应对学生多加鼓励，激发学生听和说的积极性，活跃课堂气氛，真正做到师生互动、生生互动，在互动交流中学生听解能力及综合语言能力得到提升。

2. 互动教学法

互动教学法主要包括两个方面的互动，一是学生与所听材料内容进行交流的双向活动；二是学生与教师之间的交流互动。听力的互动体现在说话人通过问答等方式和听话人进行交流互动，并根据听话人的反应对所讲内容及时进行解释说明或调整。换言之，即说话人与听话人进行语言意义的谈判，目的是确保听话人真正明白说话人的意思。

实现学生与听力材料之间的交流互动，教师是关键。教师要在学生和录音材料之间架起交流的桥梁。学生听录音时，教师可将听力材料进行分割，分为若干部分。每当听完一部分后，教师可采用提问的方式与学生进行交流互动，以便及时了解和掌握学生对所听内容的理解情况。

学生与教师之间的交流互动既要求学生在教师的组织下按照教学计划的要求

进行系统的语言学习，又要求教师按学生的要求进行有针对性的教学。

3. 体裁教学法

体裁教学法的理论基础是将体裁概念和体裁分析的方法运用于课堂教学，围绕语篇的图示结构开展教学活动。其目的在于利用体裁分析结果帮助学生了解不同体裁的语篇特点、结构及交际目的，从而使学生认识到语篇不仅仅是一个语篇结构，更是一种具有社会意义、交际功能的结构，从而加深对各种体裁的了解和认识，并将体裁知识运用到英语学习当中。

一直以来，听力都是国内高职英语教学中影响学生英语水平提升的一个重要因素。而如何有效提高学生的听力水平就成了高职英语教师最为关心的问题之一。近年来，越来越多的教师和学者开始关注体裁教学法，并将其应用到英语听力教学中。事实证明，体裁教学法对英语听力教学有着重要意义。

（1）听力教学中运用体裁教学法能够使学生通过对材料体裁（包括语境、结构、文化背景和语言特点）的分析，掌握相对稳定、可借鉴的语言模式，从而让学生借助听到的内容全面理解文章，有效地提高学生的听解程度。

（2）听力教学中运用体裁教学法还有助于培养学生的发散性思维、创造性思维，学生一旦熟练掌握了某种体裁的语言结构、特点和惯用表达以后，便能自如地运用这种体裁，进而能更好地理解该体裁的各种语篇。

二、高职英语听力教学的原则

（一）真实性原则

语言学习的最终目的就是交际。[①] 因此，在听力训练过程中，只有使用真实的语料和情境，才能为学生以后的实际交际打下良好的基础。听力材料的选择对学生听力能力的训练起着关键性的作用。在选择听力材料时要注意以下两个问题。

1. 材料多样

听力教学是枯燥的训练，为了保持和提高学生的学习热情和积极性，听力材料的选择要具有多样性，在不同场合的语言具有不同的风格与特点。在高职英语

① 豆丁网．学习语言的目的是交际[EB/OL]．(2014-03-27) [2023-2-15].https：//www.docin.com/p-784327580.html.

教学中，教师应该充分考虑学生的实际情况，在听力材料的选择方面，要尽可能地考虑到不同的情形，使学生熟悉与适应不同的语言特点，这样才能使学生将所学知识更好地运用到日常的交际活动中去。

2．难度适中

一般来讲，听力材料太简单，不利于提高学生的听力水平；而材料过难，又会造成学生心理紧张，影响听力水平的发挥。笼统地说，听力材料的难度要略高于学生的现有水平，这样对学生来说具有一定的挑战性，学生也更乐于接受。

（二）多样化原则

在听力训练过程中，教师应根据不同的训练目的，采用不同的训练手段。训练手段的多样化不仅能让训练变得有针对性，还能让学生对训练一直保持兴趣，否则千篇一律的训练方式会让学生感到乏味。在课堂上，学生听教师和其他同学讲英语是培养其听力能力的重要途径。教师可根据由慢到快、由易到难、由简到繁的原则坚持用英语组织课堂教学、讲解课文，并鼓励学生大胆讲英语，以创造浓厚的课堂氛围。

另外，教师应根据不同的教学目标选择不同的听力材料，并采用不同的训练模式，比如，教学目标是让学生区分练习各种语音，就可以让学生听几组发音相似的词汇或含有相同读音词汇的句子，让学生边听边体会；或者教学目标是归纳总结听力材料的文章大意或主题思想，就可以允许学生运用汉语来总结概括。

总之，教师要尽可能地为学生创造听英语的机会和条件，不断改变和改进训练方式，让学生愿意主动配合教师的训练，使学生的听力得到逐步提高。

（三）循序渐进原则

学习不可能一蹴而就，而是需要经过一个循序渐进的过程，英语听力学习也不例外。因此，教师在进行英语听力教学时应遵循循序渐进的原则，在听力教学中做到由慢到快、由易到难、由简到繁。

循序渐进的原则主要体现在听力材料的选择上。教师应该根据学生的学习阶段选择听力材料，听力材料的难度由易到难，逐步加强并兼顾多样性及真实性。比如，教授初学者时应选择吐字清晰，连读、弱读现象少，并且语速适中的材料。听力内容也要贴近生活，应选择社会热点话题、新闻、故事及日常生活会话等，以激发学生听的欲望和兴趣，让学生在听的过程中有所得、有所知。随着教学的进展，教师可以在各个方面提高听力材料的难度，以满足学生的求知欲。

（四）听、说、读、写有机结合原则

高职英语教学中的听、说、读、写四项基本活动，既相互独立，又相互依存。而且更多情况下是几项活动互相结合，同时进行。以听力训练为例，虽然是训练学生的听力，但是一般还会采用会话、听写、听后复述等方式，这样做不仅可以集中听的注意力，带动其他技能的发展，而且可以创造真实的语言环境，有利于培养实际的交际能力，从而收到事半功倍之效。听、说、读、写四种能力是相辅相成、休戚与共的，任何一种能力的提高都能带动其他能力的提高。反之，任一种能力的缺乏都会影响其他能力的掌握和提高。

（五）综合训练原则

综合训练原则是指在听力训练的过程中不能单纯依靠一种训练手段，要尝试将几种训练方式结合起来，让训练变得更加高效。

1．分散训练和集中训练相结合

分散训练主要是指分散于语音、词汇、句型、语法，课文教学中以各种单位和各种方式进行听的活动，特别是配合课文教学的听。它主要通过语言教学，让学生在不知不觉中接受听力的专项训练。在日常教学中，教师教授例句、文章应尽可能以口头形式完成。这种潜移默化的影响对学生听力能力的提高有很大的帮助。由于听的活动需要注意力高度集中，时间一长就容易使学生疲劳，因此分散训练是一种有效的办法。

但作为专门技能训练，听力训练只分散进行是不够的，还需要集中训练。集中训练指在分散训练的基础上，每周专门抽出1～2课时进行大量的、有指导的强化训练，对学生在听力中遇到的具体问题进行具体的帮助、指导。集中进行听的训练，时间才能得到保证，教师也才能集中精力，根据不同学生的不同程度，进行有针对性的帮助和指导。只有坚持分散训练和集中训练相结合，才能真正让听力训练变得有效果。

2．分析性听和综合性听相结合

分析性的听主要有两个层面的含义，一是指在听的活动中有明显的语言分析，

二是指把听的材料分析为各个语言层次，让学生分步听，进行听力基本功训练。简言之，分析性的听注重细节内容的理解，可以是词、词组、句子、句组，可以一个单位反复地听，也完成听的内容所要求的其他任务等。因此，需要学生在听时逐字逐句地分析细听，对题中要求回答的事件的发生时间、地点、年份、数字等此类细节要特别注意并做简单记录。

综合性的听是指对听力材料进行粗线条的整体理解，这种原则可以解决听力题中对材料主旨的理解、对整体思想的分析等方面的问题。因此，综合听时，学生应以语篇为单位，注重整体内容的把握。由于综合性听的难度大，为了让学生保持和提高听的兴趣，可以先听难度低于所学课的材料，学生习惯后再逐步提高难度。

分析性的听意味着细节性的听，而综合性的听则意味着深层含义的听，分析性的听是综合性的听的基础。在听力训练中，由于听力题既涉及材料的通篇理解，又不能忽视细节问题，因此听力教学要将两者有机结合，要求学生把综合性听与分析性听结合起来，以培养学生听的能力。

（六）理解和反应相结合原则

英语是一种交际工具，需要交际双方的互动，也就是说，听者需要理解说者的意思并对其话语做出反应，听、说双方的相互理解与反应，促成交际活动的继续。只有听懂了，才能做出正确的反应。教师在听力教学中，可以通过观察学生对所听材料的反应来判断学生理解的正确与否。检查学生反应情况的形式是多种多样的，有口头的，如对问题的简单回答；也有书面的，如选择题。多元化的检查反应的方法对学生的反应技能提出了更多的要求。比如，回答口头问题时，不仅要听懂所提的问题，还涉及学生说的能力；而回答选择题可以检测、锻炼学生的理解力、判断力。由此可见，听懂和反应的有效结合，不仅可以测试学生的理解和反应能力，还可以锻炼学生的理解和反应能力等。

（七）符合交际需要原则

英语教学的最终目的是交际，听力训练也不例外。听力学习的最终目的是听懂地道的英语。而在国内学习外语不可能终日浸在一个全英语的环境中，因此教师在平时的教学中应坚持用英语授课，尽量使用正常的语速，力求发音准确无误。

只有这样学生才能学到地道的发音，为听力能力的提高打下良好基础。

此外，听录音也是培养听的能力的有效方法，因而教师要充分利用各种电教设备，让学生多听地道的英语，在选择上要尝试不同年龄、不同性别、不同身份的人在不同场合的对话。在课前或课间偶尔也可以让学生听一些地道的英文歌曲，从而提高学生学习英语的兴趣。

第二节　高职英语口语技能教学

口语是人类交流信息和表达思想的重要方式之一。[①]随着社会的发展和国际交往的日益密切，运用英语进行口头交流的机会也越来越多。然而，英语口语教学一直是我国外语教学的难点，很多高职学生学习了很久的英语却还是不能与外国人顺畅交流。

一、高职英语口语教学概述

（一）高职英语口语教学的目标

《高职高专教育英语课程教学基本要求（试行）》将口语教学的目标分成了两个层次，如表 4-2-1 所示。

表 4-2-1　高职英语口语能力的分级目标

能力要求	具体描述
A 级	能用英语进行一般的课堂交际，并能在日常和涉外业务活动中进行简单的交流
B 级	掌握一般的课堂用语，并能在日常涉外活动中进行简单的交流

（二）高职英语口语教学的内容

口语教学的目标是培养学生的口头交际能力，因此口语教学的内容也要围绕

① 美德网．语言是人类最重要的交际工具和信息载体语言是人类社会最重要的交际工具和文化载体（五篇）[EB/OL]．(2023-02-01) [2023-03-26].https：//www.meidekan.com/zuowen/124919971.html.

这个目标展开，主要包括语音训练、词汇和语法、会话技巧、文化知识 4 个部分。

1. 语音训练

语音训练的目标就是掌握正确的语音和语调，包括重读、弱读、连读、音节、意群、停顿等。错误的发音或不同的语调会使对方理解困难，甚至产生误解。因此，一些语调、节奏和发音技巧也是需要掌握的。

（1）语调

语调是指语音的“旋律”，也就是声调高低的变化。语调在一定程度上是由重音控制的，因为在声调高低的比较中，重要的变化只出现在重读音节上。英语语调分为上调（↑）和下降调（↓）。

①升调多用于各种问句，即一切表示怀疑的语句，如可用 Yes 和 No 回答的疑问句；还有重复别人的话时。例如：

Are you ready？↑（你准备好了吗？）

A：This is a typewriter. ↓（这是一台打字机。）

B：Typewriter. ↑（打字机。）

②一般来讲，降调用于肯定的句子、命令及不能用 Yes 和 No 来回答的问句；还有感叹句和附加问句。例如：

I went to the cinema last week. ↓（我上周去了电影院）

Take me to the post office.Where are you going？↓（带我去邮局。你要去哪里？）

How beautiful this necklace is!She is a popular singer,isn't she? ↓（这条项链多漂亮啊！她是个受欢迎的歌手，不是吗？）

③选择疑问句时，前者用升调，后者用降调；罗列事物时，前面的用升调，最后一种用降调。例如：

Are you Chinese ↑ or Japanese？↓（你是中国人吗？还是日本人？）

I like apple ↑,orange ↑ and watermelon. ↓（我喜欢苹果，橙色和西瓜。）

④同一个句子中的升调或降调表达不同的意思。

例如：A：This movie is meaningless.（这部电影毫无意义。）

B1：It ↘ is.（是。）（非常肯定）

B2：It ↗ is.（是。）（可以是漫不经心的附和，也可以是不耐烦。）

B3：It ↘ ↗ is？（是吗？）（稍带责备口吻，意思是“你怎么会这样认为？”）

（2）节奏

英语的节奏规律是靠重读音节与轻读音节的组合加重复来体现的。英语口语中的节奏基本体现在各个重读音节之间，其时距大体相同。各个重音与它跟随的若干轻读音节（用“·”表示）构成一个节奏群，有时一个节奏群是一个空拍（用“∧”表示）开始的（空拍在英语中也叫 silent stress）。节奏群用“/”来表示。我们用大致相同的时间来朗读每个节奏群。因此，为了真正取得节奏效果，碰到轻音少的节奏时，可以念慢些，轻音较多的节奏群则必须念快一些。例如：

daylight–/flashlight ·（日光 / 手电筒）

One/two/three/four，/let' s · /go.（一二三四 / 向前走）

Peter' s · younger · sister · /left the · bag at · home.（彼得的妹妹把包忘在家里了。）

This · is · the · /furniture · .（这是家具。）

两个重音之间的轻读音节越多，在每个轻读音节上花的时间便越少。有时一个节奏群是以空拍开始，后面紧跟着几个轻音节，这样的节奏群常见于句首或句子中需要停顿的地方。例如：

He ∧ is · a · /student.（他是一个学生。）

/Yes/Peter/ · ，he/was · at · /home.（/ 是的 / 彼得 /，他 / 在家里。）

2. 词汇和语法

词汇和语法对口语的重要性不言而喻。首先，没有足够的词汇量，就不能准确地表达自己的思想。其次，没有正确的语法知识，就不能合理地组织语言，或者表达语无伦次，让听者不知所云或产生误解。因此，口语教学里一定要涉及词汇和语法教学的内容，只有这样才能更好地实现口语教学的目标。

3. 会话技巧

口语教学的最终目的是交际，在语言交际过程中如何做到有效沟通，少不了一些技巧的运用，具体来说，主要包括以下 4 个方面。

（1）语气积极乐观

西方人为了使对方感到乐观、积极，很少用消极语气（即句子里不含 no 或 not）。例如：

—Can you help me？（你能帮我吗？）

—I will do what ever I can.（我会尽我所能。）

如果说“I'm sorry I can't help you.”（对不起，我不能帮助你。）就比较消极。

（2）使用委婉语

西方人谈吐重视斯文雅致，喜欢说别人爱听的话，尽量避免忠言逆耳。有时为了表现得文明、高雅，一些“婉转悦耳”的字眼也相继出现了。比如，“丑”不说“ugly”，而称之为“homely”；“胖”不说“fat”，而说成“heavy-set”；“家庭主妇”不说“housewife”，而说成“homemaker”等。

（3）先扬后抑

美国人对别人的建议或忠告，多半不会马上答复，即使不想采纳，通常也会客气地赞美一下，然后才会说正题。在婉拒别人的邀请时也同样使用这种方式。例如：

You have a wonderful idea,but have you thought of it another way？（你的主意很棒，不过你是否想到用另外一种方式来考虑呢？）

Thank you for asking,but 1 have to do something else tonight.（谢谢你的邀请，但我今晚要办其他的事情。）

（4）以冷静、幽默的方式解窘

西方人遇到窘境下不了台时，也能泰然处之，甚至以自责或自贬的方式一笑了之。例如，当自己笨手笨脚做不好一件事时，会说：“Gracious,I seem to be having a hard time.”（天哪！我似乎困难重重！）

4. 文化知识

在口语交际中，文化知识也是必不可少的。交际的得体性决定了学生必须掌握一定的文化知识，包括普通的文化规则和不同文化之间的交际规则。这就是说，学生除了要具有良好的语言能力外，还要具备一定的文化知识，以使自己的语言与所处的语言环境、文化氛围相符合。文化对语言的影响和制约主要表现在两个方面，一是对词语的意义结构的影响，二是对话语的组织结构的影响。

（三）高职英语口语教学的方法

1．一般模式

一般模式通常包括“背景铺垫—布置任务—执行任务—检查结果”四个阶段。下面将具体阐述各个阶段的任务和意义。

（1）背景铺垫阶段也是引导阶段，是学生听的过程

本阶段的目的是为学生将要执行的任务创造情境、提供背景信息。这一阶段可以采取不同的形式，可以让学生阅读资料，也可以让学生观看实物与画面等。资料的选择也没有统一的要求，可以是教师朗读文章或讲述故事，也可以是听录音资料或看影像资料。

（2）布置任务阶段

此阶段主要包括教师给学生布置任务，为学生的“说”确立目标，制订方案，组织活动。

（3）执行任务，即学生说的阶段

此阶段是整个口语教学的重点。在学生说的过程中，教师不要过多干预，尽可能地保持沉默，把时间全部交给学生。这一阶段重要的是过程，而不是结果。教师不要过度关注学生说对了几句话，而要鼓励学生多说。

（4）教师检查任务的完成情况

该阶段主要是对学生的口语活动进行及时的总结，指出活动的不足，提出必要的建议等。

2．展示法

展示法的操作和实施必须注意两个问题：展示的方式和展示的原则。

（1）展示的方式

按照不同的划分方式，就会有不同的展示方式。

①按照对材料的使用，展示可分演绎展示和归纳展示。

②按照展示主体的不同，展示可分为教师展示和学生展示。

③按照展示所用的材料的不同，展示则可分为多媒体辅助展示和无辅助展示。

（2）展示的原则

无论采用何种展示方式，要想保证展示的效果就要遵循以下 3 个原则。

①简易原则。简易原则是指展示的内容应简单明了，不要将原本简单的事物

复杂化，增加学生理解和掌握的难度。在多媒体技术高度发达的时代，使用多媒体技术已成为教师教学的主要手段。展示的过程中应注意，不要为了使用多媒体而使用多媒体。

②经济原则。经济原则是指教师的展示应尽可能以最少的时间、最少的精力、最低的财力投入来取得最佳的展示效果。例如，教师在向学生展示材料时如果没有配套的视频材料，若教师打算自己制作 flash 等动态影像或者请人制作则会耗费大量的时间、精力、财力，这样就不符合经济原则。

③效果原则。效果原则是指展示方式的选择应以能够保证达到最佳展示效果为标准。若多媒体设备展示的效果优于无辅助展示，且学校又具有配套设备，则教师最好使用多媒体展示，以提升展示的效果，这就是从效果原则出发。

3.3P 教学法

3P 教学法，即 presentation（介绍）、practice（练习）、production（运用）。概括来讲，3P 口语教学法是由教师先介绍某个新知识点或技能，然后让学生就这些知识点及技能进行练习，以便熟练掌握所学习的知识点或技能，最后运用所学的知识点或技能进行口语表达。3P 模式重点放在某一种语言形式上，每一阶段都有清晰的教学目标。

（1）介绍阶段

本阶段主要通过举例、解释、示范、角色扮演及图片、影片等方式，介绍语法、结构、功能、交际技巧等内容，达到两个目的，即确立形式、意义和功能，导入话题、激活背景知识为训练做准备。

（2）练习阶段

在此阶段，教师通过对话、找伙伴、看图说话、图画排序等控制性和半控制性活动，给学生提供大量的练习机会，鼓励学生尽可能运用新知识进行反复操练，以不断提高语言运用的准确性。

（3）运用阶段

在这一阶段，主要开展交际性、创造性活动。教师为学生提供机会，让学生将新学到的知识融入已有的知识之中进行综合使用，使学生自由地运用语言进行交际。这一阶段的实施，可以有效地增强学生的成就感，激发学生对口语的浓厚兴趣。

二、高职英语口语教学的原则

为了更好地完成口语教学目标，口语教学必须遵循一定的原则，以达到最佳的教学效果。从具体的实践来看，在教学过程中应遵循以下七个原则。

（一）注重策略传授原则

为了使所学得到更好的应用，教师应该向学生传授口语的策略，从而帮助他们扩大自己的知识面，增强学习和运用英语的信心。比如，教学生使用最小反应用语。最小反应用语是在谈话过程中当别人讲话时使用的表示理解、赞成、疑问及其他反应的习惯性表达，如“That’s fine.”“Really？”“Right？”等。学会使用这些固定的表达可以使学生把注意力集中到谈话的内容上，而不用专门拿出时间计划自己的反应。让学生掌握这类最小反应用语可以帮助英语水平不高或者对自己的口语能力缺乏自信的学生在听别人讲话时有话可说，而不是一味地沉默，这样可以激发他们参与交际的积极性。既让学生避免了交谈时的尴尬，又让学生尝到一点成功的喜悦，对提高学生的学习兴趣和积极性都很有帮助。

（二）循序渐进原则

英语口语教学中的循序渐进原则，就是指在口语训练时要由浅入深，由易到难，由机械模仿到自由运用，循序渐进地展开。因为学习任何事物都不可能一蹴而就，都要有一个过程。比如，在口语教学中，有的学生发音不标准，教师要注意不同地区的语音特点和学生发音的实际困难，加以引导，要鼓励学生大胆开口，对语音、语调和语法的正确性有一定的要求，但切忌一步登天，要逐步提高。另外，需要注意的是，开始设定目标时不能太低也不能太高，太低会让学生失去兴趣，觉得没有挑战性；太高又会使学生在开口时产生畏难情绪，因此一定要掌握好度，循序渐进地开展口语训练。

（三）多样化原则

在实际的教学过程中，多样化原则应该体现在以下两个方面。

(1) 教师要运用多样化的教学手段。口语课应该是轻松愉快的，教师根据学校的实际情况，尽可能地充分利用现有的教学设备，如录音机、多媒体，让学生通过图片、音频及视频等，提高自己的口语水平。

（2）教师运用多样化的教学方法。教师可以根据每堂课不同的教学目标，运用不同的教学方法，设计不同的活动训练学生的口语，比如，唱英语歌曲、情景对话、故事接龙、看图说话等。

教师在学生能够开口说的基础上，要继续提高要求，着重训练其说话的流利性，并在语言的规范性、语音语调的正确性上有更高的要求，为以后的实战打下良好的基础。

（四）内外兼顾原则

以往我们的教学活动更注重课堂的教学，而对课外活动不够重视。殊不知，课外活动是课堂教学的继续和延伸，与课堂教学息息相关。因此，教师不仅要注重课堂教学，还应该注重课外活动，为学生提供条件，指导学生在不同场合运用所学语言材料进行正确、恰当、流利的口语操练，如组织英语角、英语演讲比赛、英文唱歌比赛等，让学生通过这些课外活动复习、巩固与提高所学的知识，培养学生说口语的兴趣，巩固和提高学生的口语能力。

（五）贴近学生生活原则

在给学生布置口语任务时，任务一定要贴近学生的学习和生活。

只有这样，才能增强学生开口的动机。要做到这一点，教师需要做好以下3个方面的工作。

（1）充分考虑学生交际的愿望和目的。

（2）设计有趣的主题或话题。

（3）把学生感兴趣的话题渗透到口语教学内容中。

（六）兼顾准确性和流利性原则

教育界关于学生口语是准确性重要还是流利性重要的争论已经存在很长时间了。教师在开展口语教学和训练的过程中，既要开展以训练学生语言准确性为中心的活动，又要开展有利于培养学生语言流利性的活动。在技能的获得阶段，要优先考虑语言的准确性。对于高级水平的学生来说，应该要求他们能够以正常的速度自然地讲英语，同时要保证语言的准确性。作为一个真正的口语熟练者，既要求能够讲得自然、有创造性，又要求能够说得流利和准确。这是一个长期的过程，教师和学生都不能急于求成，要认真对待过程中取得的进步。

（七）科学纠错原则

纠错是一个很敏感的话题，处理是否得当直接影响着教学的效果和学生的学习积极性。我们既不提倡有错必纠，也不提倡采取宽容的态度，而是主张采用科学的纠错方法，以确保学生口语水平的有效提高。

在口语练习中，学生会不可避免地出现各种各样的错误，有的教师会匆忙打断学生的思维和交流去给他们纠错，这种方法并不可取，因其不仅会打乱学生的思路，还会打击学生的信心，使其产生恐惧心理，进而因害怕出错而丧失说的勇气。一般是在学生谈话之后，教师给予及时的纠正，然而即便是这样，也要讲究策略，对不同学生犯的不同错误进行区别对待，根据不同场合及不同性质的错误分别进行处理。在操练语言的场合，可多纠错，但在运用语言交际时，则要少纠错；对学得较好、自信心较强的学生当众纠错会对其产生激励作用，然而对于学习困难较大、自信心较弱的学生，要尽量避免当众纠错，防止加重其自卑感。因此，在口语教学中，纠错的最佳方法是先表扬，后纠正，并注意保护学生的自信心及给他们自我纠正的机会。

第三节　高职英语阅读技能教学

阅读是语言学习的基本技能之一，通过阅读能获得信息和乐趣，所以阅读也是巩固和扩大目的语知识的重要途径。阅读教学一直是英语语言教学中一个重要的组成部分，其目标是培养学生的综合运用能力，提高学生的自主学习能力，增强学生的综合文化素养，使学生能够适应我国经济发展及国际交流的需要。

一、高职英语阅读教学概述

（一）高职英语阅读教学的目标

《高职高专教育英语课程教学基本要求（试行）》将高职阅读目标分成两个层次，具体要求如表 4−3−1 所示。

表 4-3-1　高职英语阅读能力的分级目标

能力要求	具体描述
A 级	能阅读中等难度的一般题材的简短英文资料，理解正确。在阅读生词不超过总词数 3% 的英文资料时，阅读速度不低于每分钟 70 词。能读懂通用的简短实用文字材料，如信函、技术说明书、合同等，理解正确
B 级	能阅读中等难度的一般题材的简短英文资料，理解正确。在阅读生词不超过总词数 3% 的英文资料时，阅读速度不低于每分钟 50 词。能读懂通用的简短实用文字材料，如信函、产品说明等，理解基本正确

在具体的教学过程中，教师应参照相应的教学目标，把握教学宗旨，调整教学内容，并在此基础上进行一定的拓展和延伸。

（二）高职英语阅读教学的内容

英语阅读教学通常包含以下几个方面的内容。

（1）辨认单词。

（2）猜测陌生词语。

（3）理解句子之间的关系。

（4）理解句子及言语的交际意义。

（5）辨认语篇指示词语。

（6）通过衔接词理解文字各部分之间的意义关系。

（7）从文章细节中理解主题。

（8）将信息图表化。

（9）确定文章语篇的主要观点或主要信息。

（10）总结文章的主要信息。

（11）培养基本的推理技巧。

（12）培养跳读技巧。

（三）高职英语阅读教学的方法

本部分将高职英语阅读教学拆解为 3 个阶段（阅读前、阅读中和阅读后）来具体介绍它们的教学方法。

1. 阅读前的方法

阅读前的活动主要包括引出主题、提出问题、交代任务等，其目的在于使学生在尽可能短的时间内了解文章的相关信息，激活学生的背景知识，充分调动学生的阅读兴趣，使学生尽快进入文章角色，为进一步的阅读奠定基础。以下是3种阅读前的具体活动。

（1）激活背景知识

阅读教学中，使学生了解与文章有关的社会文化背景知识很重要，这不仅可以激发学生阅读文章的兴趣，还可以发散学生的思维。阅读中有效运用背景知识有助于学生对文章的理解，弥补语言知识上的不足，更有助于学生了解英汉两种语言的差异，熟悉英汉语言的表达方式，这些背景知识能帮助学生加深对英语材料的理解。

（2）清除词汇障碍

对于学生而言，词汇量不足可以说是造成其阅读困难最重要的因素。因此，教师在阅读训练前有必要采用各种形式，如对话、故事、图片等对学生进行词汇灌输，清除学生的词汇障碍，从而更好地帮助学生进行阅读。

此外，教师还可以在课前指导学生进行预习，并布置一些适当的预习题，这样不仅可以使学生明确预习的目标，做到有的放矢，还可以培养学生学习的积极性，同时能为课堂教学的顺利进行做好准备，加快课堂的进度，变相增加了课堂容量。

（3）预测情节

阅读情节的预测对于阅读的顺利完成十分有利。因此，教师可以在课前让学生根据题目或一些关键词，大胆地想象，预测故事的情节，从而激发学生的好奇心，引发学生阅读的积极性。让学生带着对文章情节的预测，通过阅读来验证自己的猜测，这样的活动不仅利于巩固学生已有的知识，还利于学生逻辑推理能力的培养，能够很好地帮助学生准确把握文章的主旨。

2. 阅读中的方法

（1）略读

略读是一种选择性阅读，用尽可能快的速度大致地粗读全文，获取文章主题大意的快速阅读方法。阅读时只需选读首尾段、每段的首尾句、段落的主题句，抓住阐述主题的主要事实或文章的中心思想即可。在采用这种方法进行阅读时，学生可有意识地略过一些词语、句子，甚至段落。

略读需要一定的技巧，比如，许多文章的第一段都是对全文主要内容的概述，而最后一段多是结论；段落的首句往往是主题句，而末句常常是结论句。掌握这些技巧有利于掌握文章的结构和主旨，能更快地找到自己需要的信息。

（2）扫读

扫读是从上至下迅速搜索所需内容，而不需要仔细阅读整篇文章。这种寻找文章中特定信息或特定词组的方法，能有效提高阅读的速度和效率。在扫读的过程中，学生可以忽略那些与题目无关的信息，积极寻找那些与题目要求相关的信息。

（3）寻找主题句

理解文章的关键是确定文章的主题思想，而要想确定主题思想，首先要确定主题句。主题句往往是文章大意的概括，句子结构较为简单。主题句的位置非常灵活，既可以位于段落的开头、结尾，也可以同时位于段落的开头和结尾，还能位于段落中间，甚至隐含在段落之间。例如：

A port is a place where ships stay when they are not sailing. Ships usually load or unload at a port. So a spaceport is a place where spaceships stay when they are not flying. It has special buildings where the spaceships are kept. It also has supplies needed for space travel.（港口是船只不航行时停留的地方。船只通常在港口装卸。因此，太空港是宇宙飞船不飞行时停留的场所。它有存放宇宙飞船的特殊建筑，也有太空旅行所需的物资。）

可以看出，段落的首句“A port is a place...”并非主题句，而是为主题句的出现做准备的，它引出了主题句：“So a space port is a place where spaceships stay when they are not flying.”接着又进一步阐述了这一主题。

（4）信息转换

阅读教学中常采用信息转换的方式来辅助教学，从而加深印象。常见的转化方式有表格、图画、加小标题、流程图、条形统计图、地图、树形图等。采用这种方式可将文中的形式信息转化为可见信息，对文章的理解十分有利。

（5）推理判断

有时候阅读所需信息并不能直接从文章的字面意思上得出，此时就需要推理判断。推理判断要求学生以理解全文为基础，从文章提供的各个信息出发，对文章逐层进行分析，最后准确推断出文章的中心思想。

推理判断又可分为直接推理判断和间接推理判断。直接推理判断是学生在理解原文表层意思的同时，依据所提供的信息合理地推断文章的结论。而间接推理判断则较为复杂、含蓄。这种推理方式通常要求学生挖掘文章的深层内涵去推测和揣摩作者的态度及文章的主题等。

3. 阅读后的方法

阅读后的阶段也是阅读教学中一个很重要的环节。它是对所学知识的巩固和运用阶段，旨在练习、巩固和拓展学生在阅读过程中所学的语言知识，为培养和提高说和写的能力打下基础。在这一阶段的教学中，教师应设计一些与课文内容相关的活动，充分发挥学生的主观能动性。常见的活动包括以下 4 种。

（1）复述

复述是一种具有挑战性的口语练习。复述的前提是学生对阅读材料已经有了一个大致的了解，并消除了生词障碍。在这一过程中，教师可以让学生根据图片和关键词来复述阅读材料的大致内容。

（2）转述

转述主要是针对对话性质的语篇。教师可以引导学生使用第三人称将对话性的语篇转述为描述性的语篇，要引导学生注意时态和人称要随之产生相应的变化。

（3）填空

教师给学生提供文章概要，但要将一些关键信息留出空白让学生填写，并鼓励学生在填写时尽量不要使用原文的词或短语，而尽可能地替换成不同的词和短语。

（4）仿写和续写

根据课文内容，教师可以安排学生写文章摘要或者仿照对话写新的对话。如果课文是叙述性的文章，教师可以安排学生续写文章，以扩大学生的想象力，培养学生的发散思维。

二、高职英语阅读教学的原则

（一）激发兴趣原则

无论是何种学习，抓住学生的学习兴趣才能得到最好的效果。因为兴趣是最好的老师，它可以激发一个人对事物的热情，可以调动一个人的积极性。学生对阅读是否有浓厚的兴趣是教学成败的关键，因为学生对阅读产生了兴趣，便会积极主动地投入阅读的学习当中。所以，教师要注意教学内容的适当变换和教学形式及手段的多样化，尽量避免教学活动的枯燥乏味，使阅读教学经常保持新鲜感，使学生学会阅读，乐于阅读，变被动阅读为主动阅读。

（二）因材施教原则

每个学生的个性都存在着差异，学生的个体差异又直接影响学生的阅读进程。因此，教师应注意满足不同水平学生的特殊需要，力争使每个学生都能相应地发展阅读技能。对于一些阅读成绩不佳，甚至自暴自弃的学生，教师可以先给他们简单的阅读材料，并逐步增加难度，让他们看到自己的点滴进步，还要经常表扬、鼓励他们，帮助他们重新建立起学习的信心。而对于一些基础好的学生，课堂上的阅读常常满足不了他们的阅读欲望，教师应向他们布置一些富有挑战性的阅读任务，以满足其阅读欲望，如介绍和推荐一些通俗的世界名著等读物。

总之，教师要认真分析学生情况，结合每个学生的特点，在教学中有意识地对不同的学生提出不同的要求，采取不同的方法，真正做到因人而异、因材施教。

（三）速度调节原则

阅读速度和理解能力因人而异。既有阅读速度快、理解能力强的学生，也有阅读速度慢、理解能力差的学生。换句话说，阅读速度的快慢不一定等于理解能力的好坏。

在训练阶段，教师应加强一般阅读技能和语言基础知识的训练，适当控制学生的阅读速度。教师应根据教学的进程设置不同的阅读速度，在最初进行阅读教学时，可以适当放缓阅读速度，侧重对材料进行有效的理解。

当学生词汇量变大，语义、句法知识增加，语感增强和阅读技能提高以后，阅读速度自然会随之加快。这个阶段教师就可以进行相应的限时训练，加强训练的强度，进而完成阅读教学的目标。

速度调节原则的出发点就是要求教师在阅读教学过程中做到张弛有度，根据不同阶段的教学目标做相应的调整。教师切忌一味地追求提高速度，而忽略了学生的理解程度。

（四）层层设问原则

层层设问原则，顾名思义就是教师在阅读教学中提出的问题应该具有层次性，按照一定的梯度，逐步揭示文章的主题。例如，教师在讲解“Thomas Edison”这篇课文时，可以提出如下问题：

① who was Thomas Edison?（谁是托马斯·爱迪生？）

② When Thomas Edison was five years old,he sat on some eggs one day,didn’t he? why?（托马斯·爱迪生五岁的时候，有一天他坐在鸡蛋上，不是吗？为什么？）

③ why did Edison’s teacher send him away from school? How do you think about Thomas Edison? Why?（为什么爱迪生的老师把他从学校打发走了？你觉得托马斯·爱迪生怎么样？为什么？）

④ what can we learn from the text?（我们能从课文中学到什么？）

通过对上面问题的观察我们发现，这几个问题由浅入深、层次分明，学生在回答问题的过程中逐步建立自信、开动脑筋、积极思考、解决问题，并在不知不觉中提高了自己的分析理解能力。

（五）循序渐进原则

学生阅读水平的提高也不是一朝一夕的事情，阅读教学目标的完成也不可能一蹴而就，它是一个循序渐进的过程，需要一个合理的总体设计和长远规划。

在材料选择、任务确定、阅读方法及阅读教学的反馈等诸方面，教师都要提前做出全面、细致的考虑，并鼓励学生寻找适合自己的阅读方法，积极引导学生采用适合自己的阅读方法，扎扎实实地学习，最终完成阅读任务，提高阅读水平。

（六）真实性原则

概括来讲，阅读教学的真实性包括以下两方面的含义。

1. 阅读材料的真实性

选择真实材料，即选取由目的语者编写的材料。同时，阅读材料的选择要考虑学生在日常生活中的交际需要，从现实生活中选择文体多样、适合学生的语言水平、为学生所喜闻乐见的阅读材料。

2. 阅读目的的真实性

阅读活动都具有一定的目的，但不论是出于何种目的，都要以真实性为基础。人们阅读可能是为了获取信息或者验证自己已有的知识，可能是为了批评作者的思想或者写作的风格，也可能单纯地为了消遣或者打发时间。阅读目的不同也就需要不同的阅读方法。

第四节　高职英语写作技能教学

写作是学生表达思想感情的一种方式，是高度复杂的思维过程。英语写作与英语学习相伴而生，与英语教学相随而长。在英语学习中，写作实践是最容易诱发英语学习成就动机的，而写作教学是学生写作能力得以提高的基础，本节就针对高职英语写作教学进行重点介绍。

一、高职英语写作教学概述

（一）高职英语写作教学的目标

《高职高专教育英语课程教学基本要求（试行）》对英语写作教学的目标给出了相应的说明，如表 4-4-1 所示。

表 4-4-1　高职写作能力的分级目标

能力要求	具体描述
A 级	能就一般性题材，在 30 分钟内写出 80～100 词的命题作文；能填写和模拟套写简短的英语应用文，如填写表格与单证，套写简历、通知、信函等，词句基本正确，无重大语法错误，格式恰当，表达清楚
B 级	能运用所学词汇和语法写出简单的短文；能用英语填写表格，套写便函、简历等，词句基本正确，无重大语法错误，格式基本恰当，表达清楚

（二）高职英语写作教学的内容

高职英语写作教学的内容主要包括以下 3 个方面。

1. 结构

（1）谋篇布局

谋篇布局是写作的必要前提，写作者可以根据写作目的选择适当的扩展模式。一般来讲，篇章结构是：引段—支撑段—结论段。段落结构是：主题句—扩展句—结论句。当然，不同题材、体裁的文章有着不同的布局方式。如表 4–4–2 所示，从段落结构中的各部分内容来对议论文和说明文进行的比较。

表 4–4–2　议论文和说明文的谋篇布局

	主题句	扩展句	结论句
议论文	主要用于陈述读者认为正确的观点	以说明的顺序扩展细节阐述原因	重点用来总结或重述论点
说明文	主要用来介绍主题	以时间、重要性等版序扩展细节说明主题	重述主题、描述细节

（2）完整统一

完整统一要求语篇中的各个部分都与语篇的中心思想有关联，而且各个部分之间也互相有联系。要使一个语篇的表达具有统一性，最主要的是要弄清楚想讲什么，然后将相关信息组织起来，无关的内容一律删除。

（3）和谐连贯

在写作过程中，不仅思路要有逻辑性，段落中句子的顺序也要具有逻辑性。句子与句子要想有机地联系在一起，内容需要一环紧扣一环，流畅地展开，使段落成为一个和谐连贯的整体。运用正确的起连接作用的过渡词或词组，可以把句子与句子有机地联系起来，使行文更加流畅，并能引导读者跟着作者的思路去思考问题。英语写作中常见的过渡语包括：表示时间或步骤（after，often，next afterwards，before，finally，first，last，now，second，still，then，when 等）、表示并列（and，also，or，likewise 等）、表示转折（but，however，nevertheless，while，yet 等）、表示让步（although，in spite of ，despite 等）、表示比较（similarly，equally important，in the same way 等）表示举例或解释（for example，for instance，such as，in other words，that is，in fact 等）、表示相反（on the contrary，conversely 等）、表示进一步关系（furthermore，moreover，what is more，besides，in addition 等）、表示因果（accordingly， as a result, consequently, as, since, so, thus, because, for, for this reason 等)、表示结果或总结（therefore, as a result, and so, finally, to sum up, in conclusion, in short, in a word 等）的过渡语等。但要指出的是，过渡语不可不用，也不可滥用，过渡语的使用需要确保结构流畅、简洁，避免冗长、累赘的描述。

2. 句式和选词

除了一般句式外，学生还需掌握其他句式的使用，如强调、倒装、省略等。这些句式复杂多变，因而需要学生多加练习。教师可在句式写作教学中采用示范和讨论的方式，增强学生对句式的认知，帮助学生掌握正确的表达方式。

词汇的选择通常与个人的喜好有关，它是个人风格的体现。但选词也是作者与读者之间的交流方式之一，所以选词还要考虑语域的因素，比如，正式用词与非正式用词的选择、褒义词与贬义词的选择等，此外还应考虑角色及读者对象的因素。

3. 拼写和符号

拼写和符号属于英语基础知识范畴，它主要考查学生单词的拼写和标点符号的运用正确与否。尽管拼写和符号都是细节方面的问题，但仍不可被英语写作教学所忽视。构思再出色的文章，如果拼写和符号错误较多，就不能称之为一篇好文章。

（三）高职英语写作教学的方法

1. 文章开篇方法

一篇文章通常包括三个部分，即开头、中间和结尾。一篇文章的开头部分是最先被读者看到的，因此开头写得精彩，就会给人留下深刻的印象，在考试中就容易取得高分。文章开篇的方法有许多种，下文将介绍 5 种常见的方法。

（1）开门见山

开门见山指在文章的开始就提出看法，突出文章的主题。这种方法又称事实陈述法或现象陈述法。例如：

As food is to the body, so is learning to the mind. Our bodies grow and muscles develop with the intake of adequate nutritious food. Likewise, we should keep learning day by day to maintain our keen mental power and expand our intellectual capacity. Constant learning supplies us within exhaustible fuel for driving us to sharpen our power of reasoning,analysis, and judgment. Learning incessantly is the surest way to keep pace with the times in the information age,and reliable warrant of success in times of uncertainty.（食物之于身体，学习之于心灵。摄入充足的营养食物，我们的身体就会生长，肌肉就会发育。同样，我们也应该日复一日地学习，以保持敏锐的脑力，扩大我们的智力。不断地学习为我们提供了无尽的燃料，驱使我们增强推理、分析和判断的能力。在信息时代，不断学习是与时俱进的最可靠方式，也是在不确定的时代取得成功的可靠保证。）

本文以 As ...is to...，so is...to... 的经典句型引出主题，行文流畅，首尾呼应。

（2）下定义

下定义这种方法是为了帮助读者理解，给出必要的解释说明。在科普文章中，下定义法是必不可少的一种写作手法。例如：

Automation refers to the introduction of electronic control and automation operation of productive machinery. It reduces the human factors,mental and physical,in production,and is designed to make possible the manufacture of more goods with fewer workers. The development of automation in American industry has been called the"Second Industrial Revolution".（自动化是指引入电子控制和生产机械的自动化操作。它减少了生产中的人为因素，包括精神和身体因素，旨在用更少的工人制造更多的商品。美国工业自动化的发展被称为“第二次工业革命”。）

上面这段文字介绍了“automation”和“Second Industrial Revolution”两个概念，分别由“refers to”和“been called”引出。

（3）描写导入

描写导入就是通过描写背景逐步导入正文。描写的内容主要有人物描写、物体描写、场景描写等。下面就是一篇以人物面部描写导入的例子。

My aunt has a face full of character. The hair on top of her head is silver gray and falls gently over her wrinkled forehead. Her eyebrows are also gray. Under these are her marvelous eyes. They are blue and shine as brightly as they did on the day she was born. Her cheeks are wrinkled,butthey are also rosy. Her nose is a bit crooked. Under her nose is her mouth,which always seems to have sweet smile on it. Her chin is also wrinkled and has a prominent scar in the middle. All in all, her face is one which has always brought me great comfort.（我的姑姑有一张充满个性的脸。她头顶的头发是银灰色的，轻轻地落在布满皱纹的额头上。她的眉毛也是灰色的。在这下面是她那奇妙的眼睛。它们是蓝色的，像她出生那天一样明亮。她的脸颊是褶皱的，但也是玫瑰色的。她的鼻子有点弯曲。她的鼻子下面是她的嘴，嘴上总是带着甜蜜的笑容。她的下巴也有皱纹，在中间。总之，她的脸总是给我带来极大的安慰。）

（4）以故事引入

以故事引入就是文章开头以故事引入，这种方法能有效地激发读者的阅读兴趣。例如：

Most of us may have such experiences:when you go to some place far away from the city where you live and think you know nobody there,you are surprised to find that you run into one of your old classmates on the street,perhaps both of you would cry out:“What a small world!”（我们大多数人可能都有这样的经历：当你去了一个远离你居住的城市的地方，以为你在那里不认识任何人时，你惊讶地发现你在街上遇到了你的一个老同学，也许你们两个都会大喊：“多小的世界！”）

（5）提问式导入

这种开篇方式也是为了吸引读者的注意力，以提问的方式统领全篇。例如：

“Is money all powerful?” If someone asks me such a question,my answer is always the same:No. Money is by no means all powerful.（“钱万能吗？”如果有人问我这样的问题，我的回答总是一样的：不是。金钱决不是万能的。）

2. 段落展开方法

（1）按时间展开

这种方法就是按事件发生的顺序来写，常用于记叙一件事情。例如：

A friend in need is a friend in deed.（患难见真情。）

After lunch, while the other girls were sunbathing, Pat and I returned to the water. Soon cramps spread from my stomach to my legs. Immobilized by pain and fear, I yelled for help. My friend thought I was joking; so she ignored me. However, Sister Theresa came to my rescue when she noticed my plight. She pulled me out of the water and administered resuscitation. When regaining consciousness, I realized how close I had come to death. My experience with near death reminds me everyday how close we all are to death in our daily lives.（午饭后，当其他女孩都在晒日光浴时，帕特和我回到了水里。很快，痉挛从我的胃蔓延到了我的腿。我被疼痛和恐惧所束缚，大声呼救。我的朋友以为我在开玩笑：所以她不理我。然而，特蕾莎修女在注意到我的困境时来救我。她把我从水中救了出来，并进行了复苏。当我恢复意识时，我意识到我离死亡有多近。我的濒死经历每天都提醒我，在日常生活中，我们离死亡有多么近。）

在上述文章中，作者用了“after”“lunch”“while”“soon”“when”等时间连接语记叙了一件午饭后的事情。

（2）按空间展开

这种段落展开方式常用于描述一个地方或景物，按照一定的空间方位顺序来描写。例如：

One of the most interesting places to visit in Singapore is the bird park. It's located in the industrial area of Singapore, called Jurong. The bird park is about twelve kilometers from the center of the city, and it's easy to get by bus or taxi.（在新加坡最有趣的景点之一是鸟类公园。它位于新加坡的工业区裕廊。鸟类公园距离市中心约12公里，乘坐公共汽车或出租车很容易到达。）

It's one of the largest bird parks in the world. The birds are kept in large cages, and there are hundreds of beautiful birds from many different parts of the world, including penguins, parrots, cagles, and ostriches. There's a large lake in the park, with a restaurant beside it. There's also a very large cage. You can walk into it to get a closer look at the birds.（它是世界上最大的鸟类公园之一。这些鸟被关在大笼子里，有来自世界各地的数百只美丽的鸟，包括企鹅、鹦鹉、笼子和鸵鸟。公园里有一个大湖，旁边有一家餐厅。还有一个很大的笼子。你可以走进它来近距离观察这些鸟。）

3. 按过程展开

按过程展开就是按照事情发展的经过、顺序进行逐项说明。一般是按照事物发生的先后顺序来进行的。例如：

To build a campfire,you should follow several steps. First collect a good supply of wood,both small branches and larger logs. Second,twist newspaper into small knots. Third,make a pile on the ground of several paper knots. Fourth,cover this pile with a few small branches. Fifth,place larger logs over the branches from the different directions. Finally,strike a match and ignite the paper at the bottom of the campfire,lighting it in several places. If you do so,you will be rewarded with a roaring blaze.(要生火，你应该遵循几个步骤。第一，收集大量的木材，包括小树枝和大原木。第二，把报纸拧成小结。第三，在地上堆几个纸结。第四，用几个小树枝盖住这堆。第五，从不同的方向把大原木放在树枝上。第五，划根火柴点燃纸在篝火的底部，在几个地方点燃。如果你这样做，你会得到一场熊熊大火的奖励。)

4. 文章衔接方法

好文章不仅内容完整，结构也要连贯，结构的紧凑连贯是决定文章好坏的一个重要因素。结构上的紧凑连贯要求文章的各个部分应该围绕主题句有机地结合起来，段落结构应该条理清晰、层次分明、衔接自然。结构的连贯性有利于读者跟上文章的思路，了解文章的大意。

运用一些衔接手段，可以使文章更加连贯。这些衔接手段包括以下 5 种：

（1）保持名词和代词中人称和数量的一致；保持动词时态的一致。

（2）使用过渡词语。使用过渡词语能很好地承上启下，把句子有机地连接起来，使文章段落内部环环相扣，从而推动段落中心意思顺利地向前发展。

（3）使用平行结构。使用平行结构的句子可以使段落大意得到充分的发挥。

(4) 使用代词。使用代词来代替上文提到过的人或事，从而使句子互相照应，互相衔接。

(5) 重复关键词语。重复关键词语可以使句子之间紧密衔接，从而使段落向前发展。

二、高职英语写作教学的原则

（一）以学生为主体的原则

在写作教学的过程中遵循以学生为主体的原则，就是要以学生为中心开展教学活动，充分尊重学生的主体性。但需注意的是，主体参与不等于独立写作，不等于对学生放任自流，而是指学生在写作过程中应该能够全程参与写作提纲的拟订、资料的收集、信息的处理、谋篇布局、初稿的修改与完善等过程。

要使学生成为学习的主体，就要激发学生写作的兴趣，调动学生的积极性，其中小组讨论就是激发学生兴趣、调动学生积极性的一种有效方式。

（二）层进原则

层进原则要求学生应首先从单词、句子的写作抓起，为系统科学的英语写作打下良好基础，并逐步向语篇过渡。词是英语写作的最小单位，并按照一定的规则排列形成句子，人们借助句子相互传递信息、交流思想。当句子按照逻辑相关性的系统排列时，就形成了语篇。

（三）真实性原则

真实性原则要求写作不能脱离学生的实际，要让学生有话想说，并言之有物，言之有理。这就要求，写作应具有真实性，学生为了真实的目的，面对真实的读者，采用符合实际需求的方式去写。

目前，国内写作教学的实际现状是，教师和学生普遍只拿写作当作一种练习，为写而写，因而缺乏真实性，不能激发学生的写作兴趣。如果能使学生为真正的读者而写，为真正的目的而写，将写作与学生需求联系起来，则可大大激发学生的写作兴趣。例如，留言条、求职信、个人简历等实用性文体的撰写等，这些与现实生活和未来生活、工作有关的写作能激发学生参与的积极性。

（四）文化对比原则

文化对比原则要求教师和学生应深入了解母语和英语的区别，为写作提供帮助。很多中国学生具备了相当程度的中文写作能力，但在英语写作中并不具备完善的用英语解码和编码的能力，由此导致中文写作能力自动、机械地迁移到英语写作过程中，产生中式英语。只有在英汉对比下，学生才能掌握英汉语言的文化差异，将写作语言变得更加地道，符合英语思维。

（五）综合性原则

英语的听、说、读、写是不可分割的一个整体，综合性原则就是要求英语写作教学要与听力、口语和阅读相结合。写作可以作为听、说和阅读的后续活动，可以作为对听、说和读材料的应用。尤其是在基础教育阶段，在没有专门的写作课程时，与听、说、阅读相结合是写作教学经常采用的教学方式。一堂生动有效的写作课实际上应是听、说、读、写的综合运用。

（六）多样性原则

多样性原则一是指英语教学中的训练形式应多样化。写作教学可以尝试让学生进行缩写、仿写、扩写、改写、情境作文等练习，每种训练方式都有自身的优势，通过多种多样的训练方式可以让学生逐步掌握写作的技巧。

多样性原则还指运用多种多样的表达方式。丰富的表达手段不仅可以有效弥补学生在语言知识上的不足，还可以提高学生灵活运用语言的能力。因此，在写作教学的过程中，教师要鼓励学生采用不同的表达方式，以便写出更加出色的文章。

（七）交际性原则

写作也是一种有效的交际手段，因此写作教学也应体现交际性原则。交际性原则要求写作教学活动满足学生的即时需求，以提高学生的实际交际能力；写作活动必须给学生交际的机会，并且使学生从写作交际中获得乐趣；在写前活动和修改活动中尽可能采用小组活动和同伴活动，增加学生之间的交流，通过小组讨论等交流活动获得大量素材，从而为文章增添内容，锻炼学生的思维。

第五节 高职英语翻译技能教学

一、高职英语翻译教学概述

（一）高职英语翻译教学的目标

1. 大纲规定目标

根据《高职高专教育英语课程教学基本要求（试行)》的教学要求，英语翻译教学目标主要涉及以下两个方面。

A 级：能借助词典将中等难度的一般题材的文字材料和对外交往中的一般业务文字材料译成汉语。理解正确，译文达意，格式恰当。在翻译生词不超过总词数 5% 的实用文字材料时，笔译速度每小时 250 个英语词。

B 级：能借助词典将中等偏下难度的一般题材的文字材料译成汉语，理解正确，译文达意。

2. 具体教学目标

（1）培养学生语言分析与运用的能力

翻译的工作对象是语言，工作目的是符合预期目的和交流任务的语际意义对应转换，这就要求译者首先要倾注全力在语言分析上下足功夫，其中包括语义分析、语法结构分析和语段分析；在结构和成分分析的基础上正确把握语言的内容与形式，能做到操控自如。翻译教学一切计划、措施、课目设置和教学环节及进程安排，都应当不失培养能力的宗旨，尤其是语言分析和操控能力。

（2）培养学生的双语思维能力

我国学生一直生长在汉语的环境中，习惯用汉语的思维来思考问题，但翻译要求人们同时用英语和汉语的思维来考虑问题，因此英语翻译教学要培养学生双语转换思维的能力，这也就成了翻译教学的重要目标之一。此外，要想顺利进行翻译，也离不开一定的翻译技巧和方法，英语翻译教学的另一重要目标就是使学生掌握尽量多的翻译技巧和方法。

（3）培养学生的文化辨析和表现能力

语言与文化相连，尤其是意义与文化密切相关。语义分析不能脱离文化参照。

很多情况下，语义辨析涉及文化诠释，已经超出了单纯的语义辨析范围，文化参照成了决定语义的根本依据。而且语言的文化色彩遍及词语层、短语层、句子层及语段层，语音、文字、文体、风格等各个功能层也都有必须析出文化意义的问题。这一切有赖于译者的辨析能力。

（4）提高学生的双语表达能力

除了要培养学生的翻译技能外，提高学生的双语理解和表达的能力也是十分重要的。因为翻译涉及的是双语交际的活动，交际活动中使用的语言，其含义有时是字典中提供的含义所不能涵盖的，因此这就需要在翻译前后进行充分的准备，也就使得不断丰富学生的百科知识，增强学生的理解和表达能力成了英语翻译教学的目标。

（5）培养学生的审美判断和表现能力

伴随语言文化分析的是审美判断。翻译中的审美判断不限于文艺文体，任何文体都有一个用词、用句是否适当、得体、有效的考量，这就是审美。高层次的审美任务更为复杂，更有待于系统的能力培养。审美判断能力源于审美经验，绝非生而有之，关键在于培养。

（二）高职英语翻译教学的内容

（1）翻译基础理论

学习翻译基础理论能够帮助学生从宏观上把握和决定组织译文的思路。组织译文的思路正确了，即使有一些小的错误，学生再改动起来也比较方便。如果思路不正确，整个译文就要推翻，重新组织。

（2）翻译技巧

翻译技巧就是为了保持译文的通顺，在内容大致不变的前提下，对原文的表现方式和表现角度进行改写的方法。常用的翻译技巧有调整语序、转换词性、正译与反译、增补与省略、主动与被动、句子语用功能的再现等。

（3）英汉语言对比

英汉语言对比不仅要在语言层面的语义、词法、句法、文体篇章上进行比较，掌握其异同，还要对文化层面、思维层面进行英汉对比，以便在传译过程中完整、准确、恰当地传达出原文的信息。

（4）翻译实践

翻译实践就是讲授如何更好地翻译，特别是如何在翻译理论的指导下进行翻译。因此，如何科学、合理地构筑翻译学的理论体系，并尽快将其运用到翻译教学中，也是翻译学研究的重要课题之一。

（三）高职英语翻译教学的方法

1．语境法

语境也就是言语环境，包括言语的宏观环境和微观环境。宏观语境是话题、场合、对象等，它使意义固定化、确切化。微观语境是词的含义搭配和语义组合，它使意义定位在特定的义项上。在翻译过程中，既要考虑宏观语境，又要考虑微观语境，两者相互结合才能确定话语意思。在翻译的过程中，译者除了利用自己的语言知识获取句子本身的意义之外，还必须根据原文语境中提供的各种信息进行思辨、推理，找出原作者的意图，以形成自己对原文意义的认知心理图示，在此基础上确定相应的译文形式，准确表达原义。

可见，翻译中的理解和表达都是在具体的语境中进行的，语义的确定、选词造句、篇章结构及语体形式均离不开语境。因此，语境构成了正确翻译的基础。可以说，语境在翻译中起着至关重要的作用。教师在指导学生翻译实践时，要求学生在充分理解原文的同时，还应该紧扣语境，并且对译文反复琢磨，使得译语表达能够密切联系语境，准确传神达意。

2．图式法

图式简单来说就是人的头脑中关于外部世界信息的组织形式，是人们赖以认识和理解周围事物的基础。人在同世界的交往过程中认识周围的人、物体、各种事件和各种情景，就在大脑中形成了不同的模式。这样的认知模式是围绕不同的事物和情景形成的有序的知识系统。而图式就是这些知识的片段，它以相对独立的形式保存在人的大脑记忆中，对言语的理解其实就是激活大脑中相应的知识片段的过程。如果面对的新信息在我们大脑中没有现存的相类似的图式，就会对理解产生负面影响。

在具体的翻译过程中，教师可以给学生提供一些需要激活图式才能正确理解的语言材料，然后根据这些材料进行翻译。应用图式策略时，学生所拥有的认知图式并不一定都是对事物的正确反映，或者都已经完善，相反翻译中常常出现图式应用错误的情况，尤其是文字表达比较含蓄的时候。因此，在教学中教师既要帮助学生记忆语言形式及其功能，又要帮助他们调动相关图式，正确运用技巧弥补在字面上没有表达的意义，还要帮助他们修正或充实对事物的认知图式。

3. 推理法

推理是从已知的或假设的事实中引出结论，它经常参与许多其他的认知活动，是一种独立的思维活动。推理是文本结构的内在特征，不是译者凭借想象所做出的随意行为。译者在翻译时采用推理策略可以增加信息，把握事物之间的联系，促进言语的理解。当人们在看到要翻译的文本时，往往会根据已有的知识经验做出一系列推理，这些推理为译者提供了额外的信息，把文本中的所有内容都联系起来，使译者能充分理解每一个句子。因此，在高职英语翻译教学中，教师要有意识地给学生介绍一些常用的推理技巧，如根据逻辑指示词进行推理、从作者的暗示及上下文线索进行推理、从文本的整体结构进行推理、利用文本中的解释和定义对某些词句进行推理等。此外，这些推理理解技巧一定要和正确地识别语言结构内容紧密结合起来，否则这种推理就成了脱离文本的主观猜测。

4. 猜词法

概念能力是指在理解原文过程中对语言文字的零星信息升华为概念的能力，是原文材料的感知输入转化为最佳理解的全部过程。学生的概念能力在翻译中起重要作用。学生在词汇贫乏时，对词句、段落形不成概念，或对关键词在原文中的含义不甚理解的情况下，得不到文字信息的反馈，就会陷入对内容的胡乱猜测。所以教师在翻译教学中要适当运用猜词策略。

翻译中的猜词方法包含以下 5 种：

（1）利用信号词猜测生词词义。所谓信号词，就是在上下文中起着纽带作用的词语。这些词语对猜测生词词义有时能起很大的作用。

（2）根据词的构成猜测生词词义。这是比较常用的一种方法，它要求学生掌握一定的构词法知识，特别是词根、前缀、后缀的意义。

（3）根据意义上的联系猜测词义。句子的词语或上下文之间在意义上常常有一定的联系，根据这种联系可以猜测词义。

（4）结合实例猜测生词词义。有时，在下文中给出的例子会对上文中提到的事物加以解释，此时可以结合例子中常用词猜测所要证明的生词词义。反之，也可以猜测例子中的生词含义。

（5）通过换用词语推测生词词义。在文本中常会出现使用不同的词语表达同一种意思及难易词语交换使用的现象，据此可猜测生词词义。

二、高职英语翻译教学的原则

（一）以学生为中心原则

对于翻译学习者而言，学习翻译就是如何通过学习这一过程成为翻译工作者的过程。从这个角度来说，学生学习翻译是通过从实践中积累经验建构自己的专业知识的过程，教师在其中发挥的是指导与协调的作用。因此，翻译教学必须充分考虑学生的主观能动性、创造性和互动性，充分协调学生、翻译教学和市场需求之间的关系，力求培养出学活、用活知识结构，并能顺应、满足社会需求的高素质的翻译人才。这就要求翻译教学不仅要提倡学生在课堂上扮演主角，而且还要鼓励学生通过实践最终发现探求知识的规律和奥秘。这对教师的教学提出了更高的要求，具体来说，以学生为中心原则需要做到以下 4 点。

1. 转变教师角色

在翻译教学中，教师要以学生的需要为翻译教学的方向，训练学生建立口笔译需要的知识系统和双语思维能力，授之予“渔”，而不是授之予“鱼”。教师不是学生获取知识的唯一源泉，教师的作用是帮助学生学会学习，学会解决学习过程中遇到的问题。教师是协调者，而不是知识的唯一传授者，这也是时代发展对翻译教学提出的要求——培养高质量的有能力的翻译工作者。

2. 培养学生的创造性与发散思维

翻译活动具有一切实践活动所具有的创造性，因此对于统一文本，特别是文学文体的语篇，不应要求学生的理解和翻译与教师的或参考译文一模一样。要善于鼓励学生追求自己的风格，不要“千人一面，千人一腔”，从而限制他们的思维。

3. 培养学生的团结协作精神

信息时代的发展和翻译活动的复杂性等因素使得翻译活动有时不能由一个人单独完成，而越来越成为相互合作的事业。因此，培训学生的团结协作精神很重要。在翻译教学中，教师可以选用一些长文章，分成几个部分，让一个小组的学生每人做一部分，但最后出来的完整文本在术语、专有名词、风格体例方面应该看起来是协调一致的。在这个过程中，学生就不能自顾自地进行翻译，必须和组里的其他成员协商和讨论，以达到翻译要求。这样做有利于培养学生的团结协作精神、协调能力和共同解决问题的能力。

4. 灵活安排教学活动

（1）有效利用生活环境

随着国际交往的不断深入，在许多大城市和风景名胜区都有外语（主要是英汉）的公示语、景点介绍等。让学生在这些地方去体会英汉语的不同表达，对培养他们的英汉对比能力很有帮助。此外，有不少公示语和景点介绍存在很多问题，教师可以适时地让学生进行纠错练习。

（2）课内外相互配合

翻译是一项实践活动，翻译教学的任何阶段都不可忽视实践环节，翻译课程安排应以实践活动为主。但是，如果没有正确的理论指导，实践活动也就不能有效地进行。为了解决课堂时间有限和学生不太愿意太多地听教师讲解的问题，教师可以让学生自己阅读理论。开列阅读书单是一个很好的办法，例如，教师可以开出翻译简史、翻译理论与技巧、中英语言与文化对比等方面书籍的书单，让学生在一定的时间内自学，然后课堂抽查或做读书报告等，使他们学会用普遍的原理来解决实际问题，并在教师的指导下，将实际问题与理论融会贯通。

（3）利用网络和媒体

网络和报纸、电视、收音机等媒体可以为学生提供丰富多彩且即时的源语文本材料和目标语平行文本材料，教师可以通过让学生在网络和媒体上寻找平行文本的方法，培养其解决翻译过程中遇到的表达问题的能力。同时，也可以让学生通过博客或邮件将自己的翻译练习进行“发表”，发给教师和其他同学，教师和其他同学可以提出反馈意见，以增强师生互动和生生互动，营造更好的学习氛围。

（4）开设讲座

学校和教师可以请有实践经验的翻译专家“现身说法”，传授经验。课外开设专家讲座，一是可以让学生有学习的榜样；二是学生可以学习好的工作方法和经验；三是学生可以借此了解翻译的前沿信息和实际情况，向做一个合格的译者的方向努力。

（二）循序渐进原则

翻译活动应当本着由浅入深、循序渐进的规律开展，所选的语篇练习应该是先易后难。从题材来看，应该从学生最了解的入手；从篇章的内容来看，应该是从学生最熟悉的开始；从原文语言本身来看，应该是从浅显一点的渐渐到难一些的。这样由浅入深，学生学习起来才会有信心，并逐渐培养起对翻译的兴趣与热爱。例如，从语言的角度讲，英语专业高年级的学生已完成语言基础学习任务，按理说语言运用能力是比较强的，但是刚开始学翻译的时候，对源语的理解和对译语的表达往往会显得捉襟见肘。如果一开始语言太难，必然会成为他们理解和传译的障碍，也会影响他们继续学下去的兴趣。

（三）精讲多练原则

精讲多练原则具有两个方面的含义，即精讲和多练。首先，翻译教学是一项技能教学，如果技能教学只是流于先灌输后练习，在教学中就很难取得好的效果，学生会觉得枯燥无味。技能的传授应该与学生的练习紧密结合起来，并且要在练习的基础上进行总结、提炼。在练习之前，教师可以针对练习材料的内容举例，简单介绍一些相关技巧，再让学生做练习。此外，学生做过的练习经教师批改之后，教师一定要对练习进行讲评。这种讲评不是点评式的，而是在系统分析原文的基础上，整理出里面的知识点，针对学生练习中出现的问题进行总结，上升到理论。这样，技能才能真正为学生所掌握，技能训练才落到了实处。教师的讲评绝对不是简单地将参考译文发给学生，而要去启发和引导学生思考与总结。教师在选择练习材料的时候，要有所考虑和侧重。选材的过程是一个艰辛的过程，这需要教师有从事翻译的实际经验，能从纷繁复杂的材料中挑选出适合学生练习的材料，并且要能凸显几个问题。

其次，翻译技能的提高是在实践中一点点实现的，这就要求学生必须进行一定量的练习，并在练习中去感受、去思考、去想办法解决问题。只有通过不断的实践、思考和总结，再实践、再思考和再总结，学生分析问题和解决问题的能力才会不断提高，翻译能力和水平也才会不断提高。因此，对学生翻译过程的关注，帮助、启发、训练和鼓励他们解决理解、表达和审校过程中遇到的具体问题就是翻译教学的重点。这样培养出来的学生才会有学习能力和创造能力，才能为他们今后进入社会、走上工作岗位、独立解决翻译实际中的问题打下良好的基础。

（四）翻译速度与质量相结合原则

翻译教学的目的是培养学生的翻译能力，这种能力不仅包括技巧的掌握、译文质量的保证，还包括较快的翻译速度。因为在实际翻译活动中，常常会有催稿很急的情况发生，如果学生的翻译速度太慢，可能完不成翻译任务。因此，在翻译教学过程中，培养学生提高翻译速度是一个不可忽视的任务。

具体来说，教师在边讲边练的过程中，可以经常做课堂限时练习，比如英译汉练习的量可以先从每小时 200 个左右英文单词开始，以后逐渐增加到每小时 250～300 个英文单词甚至更多；英译汉可以从每小时 150 个汉字开始练，让学生在有限的时间内学会有效地安排时间，逐渐提高翻译的速度。除了课堂限时练习之外，课后练习也可以让学生自己尽量在规定的时间内完成练习任务。这样，久而久之，经过不断训练，笔译的速度便会逐渐提高，速度意识也会逐渐加强。

（五）培养翻译能力与翻译批评能力相结合原则

教师在培养学生翻译能力的同时，还要注意提高学生的翻译批评能力。批评能力是指要对别人的译作进行客观的评价，既要点评优点，也要批评缺点，还可以对错误的地方进行修正。这样做有利于学生学习他人的长处，并反思自己的错误，避免以后再犯。学生既然能够对别人的译作进行翻译批评，也就能对自己译作的质量心知肚明了。

（六）注重实践原则

如前所述，实践性是翻译教学的一个重要特征。因此，在条件允许的情况下，学校和教师应该为学生提供机会，让学生到社会上，例如到翻译公司参与实际的翻译，体验一下实际的翻译过程。一方面，会为学生的学习增添动力，促进他们学习积极性的提高；另一方面，还可以为学生走入社会、适应社会做一些认识上的准备，有利于他们毕业后更快地融入社会。总之，翻译教学绝不仅仅是技能培养课，它是一个融知识、技能、学习能力、人格塑造为一体的周密体系，这个体系绝不是封闭的，而是实践性很强的课程体系。

（七）注重文化原则

外语学习其本身就是一种跨文化交际活动，翻译学习更是如此，它要求学生必须了解不同语言国家的政治体制、经济模式、思维习惯、生活方式、风土人情、表达习惯等。所以，在翻译教学中，教师要时刻谨记这一原则，并将学生置于跨文化交际的语境之下，重点培养学生的跨文化信息转换能力，使学生切实感受到只顾语言的对应，不考虑不同国家之间的文化差异是难以达到交际目的的。

第五章　高职英语课堂混合式教学创新

本章主要介绍高职英语课堂混合式教学创新，主要从四个方面进行两场阐述，分别是高职英语课堂混合式教学概述、基于慕课的高职英语课堂混合式教学创新、SPOC 混合式教学与高职英语教师话语特征、高职英语跨时空混合式教学与智慧课堂创新。

第一节　高职英语课堂混合式教学概述

一、高职英语“翻转课堂”混合式教学模式

随着课程改革的不断推进和深化，高职英语的教学模式也发生了极大的改变，“翻转课堂”教学理念开始进入人们的视野并逐渐成为高职教学的重要教学理念，受到广大师生的青睐。高职英语“翻转课堂”混合式教学模式对于高职英语学生学习兴趣的激发、学习能力的培养和语言实践能力的提升具有积极的促进作用。本节分析了高职英语“翻转课堂”混合式教学模式对高职教学的意义，并在此基础上设计了高职英语“翻转课堂”混合式教学模式，希望能为高职英语教学活动提供参考和借鉴。

（一）“混合式教学”

“混合式教学”最早起源于 20 世纪 90 年代的美国。“混合式教学”在中国国内出现的时间是在 2003 年，由北师大的何克抗教授提出了这一概念。混合式教学模式既能够体现学生作为学习主体的积极性和创造性，从而达到最佳的学习效果，又能够发挥教师在教学过程中的引导和监控作用。混合式教学模式将传统教学方式与网络化教学方式相结合，并充分发挥二者的优势。此外，还有一些教育专家对混合式教学模式进行了深入研究，并提出了自己的观点。黎加厚教授来

自上海师范大学，他在混合式教学方面作出了重要贡献。他认为混合式教学模式能够更好地满足学生个性化学习的需求，提高学习效果。华南师范大学的李克东教授，同样在混合式教学模式研究领域有所建树。随着信息技术的迅速普及和专家学者对混合教学模式的深入研究，混合式教学模式不断发展。“慕课”“微课”和“翻转课堂”等一系列新的教学方法和技术不断涌现，并被引入传统课堂。这些方法的引入改变了以教师为中心的传统授课方式，实现了学生与教师的互动式学习。教师的角色也从知识传授者转变为引导者和指导者，他们通过运用不同的教学策略和方式来激发学生的学习兴趣和积极性。当前，混合式教学借助各种网络教学资源和信息沟通技术，以网络教学平台为核心，灵活地展开教学活动，使线下教学与线上教学相互结合。这种教学模式的实施不仅促进了教学的创新，也使学生的自主学习能力得到了极大的提升。

（二）“翻转课堂”混合式教学模式运用于高职英语教学的意义

随着互联网和多媒体技术的发展，信息化的影响广泛覆盖会各个领域。信息化同样对教育产生了革命性的影响，推动着教育的不断创新和发展。在这个背景下，高等职业教育也面临着重大的挑战和机遇。2012 年 3 月，教育部发布了《教育信息化十年发展规划（2011—2020 年）》。该规划的第五章明确提出了加快职业教育信息化建设的目标，旨在支持高素质技能型人才的培养。为了提高职业教育的教学质量和水平，应积极开发数字化教学资源，促进高质量教育教学资源共享。随着时代的进步，教育教学手段要同步前行。因此，在高职英语教学中引入“翻转课堂”混合式教学模式是符合信息化发展潮流的趋势。这种教学模式不仅促进了信息化教学改革的进一步发展，而且推动了信息技术与课堂教学的深度融合。

通过引入“翻转课堂”混合式教学模式，教育教学改革迎来了新的思路和机遇。这种教学模式实现了理论与实践的有机结合，注重学生的实际应用能力。通过将传统教学方法与现代网络课堂相结合，引发了一场学习和教育的革命。特别是在高职英语教学领域，这一教学模式引领着新一轮的教学改革。

采用“翻转课堂”教学模式突出了以学生为中心的个性化学习，将课堂资源充分配置，实现了知识内化的课内环节，有效解决了传统课堂中学生无法及时巩固新知识的问题，从而实现了深度学习。这种教学方式激发了学生对自主学习的兴趣，传统的课堂授课方式被“翻转课堂”教学模式彻底改变了。“翻转课堂”教学模式构建了一种以师生互动、讨论和答疑为主的教学环境。这种模式突出了以学生为中心的教学理念。在这种模式下，教师充当引导者和促进者的角色，学生参与课堂讨论和解决问题，从而真正实现了理论与实践的结合并提升了课堂教学的效果。

“翻转课堂”是一种体现混合式学习优势的教学模式，能够促进教学资源的有效利用和研发，并有助于构建新型的师生关系。尤其在移动互联网技术快速发展的背景下，“翻转课堂”混合式教学模式的改革成为高职英语对传统教育理念和人才培养模式进行创新的重要举措。这一改革不仅对教师而言是一次重要的提升，同时也对学生产生积极的影响。采用“翻转课堂”教学，能够引导学生主动地“发现知识”，发现并思考问题。这种方法使学生在英语学习中能够自主获取所需的知识，而非被教师灌输，学生的学习效率和自主学习能力都会显著提高。“翻转课堂”教学模式显著减少了教学时间，激发学生的学习动力，增强了学生的学习兴趣，同时也为教师提供更多机会帮助学生解决学习过程中的难题。随着信息化技术的飞速发展和广泛应用，学生的学习方式也日益多样化。现如今，手机英语 App 和校园移动网络英语教学平台等工具为学生提供了便捷的学习环境，使他们能够在任何时间、任何地点进行学习，实现了学生的移动化自主学习。

（三）高职英语“翻转课堂”混合式教学模式的研究设计

1. 教学环节设计

（1）课前预习

教师在课前会根据教材内容和学生实际情况确定教学目标，并精心制作微课小视频，以实现这些目标。通常，教师会综合考虑学生的实际水平、理解能力和教学重点，选择单元中具有代表性的教学内容进行录制，每个视频的时长为 5～8 分钟。教师在完成微课小视频的制作后，要求学生在课前进行预习，并将小视频通过微信等网络平台向学生发送。学生需按照教师的指示进行预习，通过查找资料等方式，自主学习视频内容并完成预习任务。学生还可以以小组形式完成教学任务，结合自身英语水平，通过多次观看、思考、揣摩和讨论微课小视频，以及有序分工与合作，完成教学任务。此外，教师还可以建立“互动讨论区”，通过网络软件学生可以随时与教师进行交流，获得辅导，并促使学生之间相互讨论。

（2）课中学习

不同于传统课堂教学模式，“翻转课堂”混合式教学模式以教师指导为辅助，学生自主讨论学习为中心。在“翻转课堂”混合式教学模式实体课堂教学中，通过学生观看微课的情况，教师对学生学习中的薄弱环节和普遍存在的问题进行总结，学生以课堂小组的形式进行演讲、辩论和讨论，各组之间进行展示与互评。在这个过程中，教师的主要作用是对学生进行引导，组织课堂教学活动。“翻转课堂”混合教学模式中学生间的评价更加多元立体，这更有利于学生个性化学习、项目成果的分享及激发学生自主学习的积极性。对于教师而言，其角色转变为学生学习的引导者。

（3）课后拓展

混合式教学模式在课后能够对知识进行巩固和拓展。根据学生课前预习与课堂中讨论、展示等表现，教师通过网络平台对学生学习的薄弱环节及教学中的难点发布课后任务。通过网络，学生可以及时与教师进行沟通，对于学生的问题，教师及时给予解答并进行考查。此外，对于尚有余力的学生，教师可以提供更多的知识性视频以供其学习相关课堂知识的延伸。

2. 教学评估过程设计

为了更好地体现“以学生为中心”的教学理念，混合式英语教学模式需要采用多样化的形成性评价方式来进行教学评估。传统的评价方式已不再适用于这种教学模式的特点和需求。多元化的形成性评价方式应包括多个方面，以全面了解学生的学习成果和进展。教师可以评估学生在课前预习中的表现，包括提问、讨论和自主学习的能力。在课堂教学过程中，教师可以评估学生的参与度、问题解决能力和合作精神等。此外，学生在小组互动中的表现及课后拓展练习的完成情况也可以成为评估的考量因素。采用形成性评价方式可以有效激发学生的学习主动性和积极性。

信息化时代的兴起对高职英语教学带来了深远的影响，为教师带来了机遇和挑战。面对这些挑战，高职英语教师应充分利用数字化教学资源，勇于颠覆传统的教学模式，积极探索以学生为中心的高职英语“翻转课堂”混合式教学模式，为高职英语教学注入新的活力和动力。“翻转课堂”教学模式符合教育信息化改革的要求，但仍面临一些问题，如教师教育观念的转变和学生学习主动性的提升尚需努力等。尽管如此，“翻转课堂”混合式教学模式为我国高职英语教育提供了可行的借鉴模式，其满足了学生个性化学习和教学方式多元化的需求，这一创新的教学理念，有望成为未来英语教学的主要模式，有助于推动高职教育改革的发展。

（四）高职英语国际音标“翻转课堂”混合式教学

音标教学是高职英语教学的突破口，国际音标和字母组合的掌握有助于学生提高后续的听说读写能力。探索“互联网技术 +”有利条件下，国际音标“翻转课堂”混合式教学实践，提高了高职学生的单词拼读能力，符合大专学生的学习需求，推动了高职英语语音教学的改革和发展。学习英语过程中，音标具有重要意义，它是记录音素的符号，也是掌握英语基础不可或缺的一部分，更是实现英语听说交流的前提条件。然而，学生常常容易忘记已学的单词，频繁的挫折感削弱了他们对英语学习的兴趣和主动性。如果不加强高职学生的语音学习，后续学习将变得异常艰难。对于提高学生的发音准确性而言，首先要熟练掌握音标和字母组合的拼读能力，这样不仅能够使他们准确拼读单词，而且能够提高记忆单词的效率和扩大词汇量。因此，高职英语教师必须高度重视国际音标发音拼读规律的教学，将其作为首要教学任务。

1.“翻转课堂”混合式学习模式下的英语语音教学改革实践

在这里，笔者使用“第一课 20 个元音”来展示“翻转课堂”混合式学习模式的应用流程。在“翻转课堂”教学模式中，这节课被设计为教师引导下的教学活动。这堂课的主要教学目标是让学生掌握 20 个元音音标的形状和发音。基于汉语拼音和国际音标之间的正迁移现象，教师讲解了 5 对长短元音的发音特点，这些元音与汉语拼音中的 5 个主要韵母相似。为了帮助学生系统记忆这 20 个元音音标，教师使用了形象的“大手掌”导图。通过教师对这 20 个元音的科学归纳和记忆策略的引导，学生很快完成了教学目标。他们在“翻转课堂”混合式学习模式下取得了良好的学习成果。

接下来，学生需要进行举一反三的操练，以巩固所学内容。在教师的引导下，学生将进行线上操练，通过微信平台进行互动。合理的教学设计是“翻转课堂”成功的关键之一。

根据第一次课的内容，教师将发布课后练习任务单到班级微信群中。学生需要利用音标点读小程序在微信中进行元音音标的练习，并通过网络微课程巩固课堂所学内容。学生可以免费的网络资源来评估自己的音标口语是否准确。例如，“Jerry 的英语课堂”和有趣的英语音标测试软件“音标随身学”。每个小组的组长将建立语音打卡群，负责监督和记录组员的打卡情况，以便于对学生进行层层管理。

接下来的课堂将采用学生为主体的“翻转课堂”形式。在下一节课的开始，学生将成为课堂的主导者。课堂展示环节可以进行集体活动。教师将以“五指手掌”导图为辅助，将学生分组进行 PK 挑战，要求他们在最短时间内默写出 20 个元音音标。获胜的小组将获得主持抢答并点读音标的机会，音标将以快速闪卡的形式呈现在 PPT 上，学生将以举手抢答的方式参与，小组将根据回答的准确性获得积分。小组长将上黑板进行随机听写，并与全班同学同时批改，这项活动将以个人积分的方式进行评定。

在课堂接近结束之前，教师将总结易错音的读音对比和掌握技巧，并通过韵律诗动画来强化这些易错难点。

在第二次课中，我们将专注于学习 28 个辅音音标。为了提高学生的学习效果，我们将采用循环模式，包括精讲、在线巩固操练和“翻转课堂”检测总结。这个循环模式将在接下来的 8 次课程中有序进行，以确保学生的学习成果得到提升。最后一堂课中，我们将进行口试部分，该部分内容分为四个部分进行。第一部分是音标测试，涵盖了 48 个音标的内容。测试题型包括音素辨认、单音节拼读、多音节拼读和相似音辨别。第二部分是单词的识读测试，旨在评估学生对字母组合和开 / 闭音节的理解和应用能力。测试内容涉及学生对不同音节结构的单词进行识读和发音。第三部分是句子的朗读测试，旨在评估学生的语言流畅性和正确运用升降语调的能力。测试内容涵盖了各种语言情境下的句子，学生需以流畅自然的方式朗读，并注意准确运用适当的语调。第四部分是英文歌曲和篇章的朗读测试，旨在评估学生对英文歌曲和篇章的理解和表达能力。学生需要准确、流畅地朗读给定的英文歌曲和篇章，并注意语音语调的运用，以展现他们对英文文本的理解和表达技巧。该部分的表现还将作为额外分数的评判依据。考虑到高职英语班级通常规模较大，为了更高效地进行口试评估，我们将采用在线上传录音的方式进行口试。录音上传的平台可以是“雷课堂”或“云课堂”，具体由教师指定。

2. 基于“翻转课堂”的混合式学习模式下的英语语音教学改革成果

高职院校的学生对于基于“翻转课堂”的混合式学习模式下的英语语音教学改革成果具有重要的意义。音标学习是英语学习的基础，准确的发音可以激发学生对英语的兴趣，并增强他们的学习动力和自信心。通过掌握正确的音标发音，学生能够建立起良好的语音基础，更准确地表达和理解英语，这无疑会为后续的听说读写的学习打下良好的基础，形成良性循环。这种改革成果对于高职院校学生的英语综合能力提升至关重要，并为他们未来的职业发展奠定了坚实的语言基础。

“翻转课堂”教学模式是一种高效的学习方式，它不仅是传统课堂的延伸和巩固，而且具有广泛的应用前景。学生通过参与“翻转课堂”教学模式的课程，能够深刻感受到这种学习方式的高效性，并将其应用于其他课程中。“翻转课堂”的实践方式能激发学生对合作与竞争的重视，通过展示学习成果，他们能够培养公众演讲能力和沟通协调能力，进而提升综合素质。这种教学形式为学生的职业发展奠定了坚实的基础，使他们能够更好地适应未来步入职场所需的能力和素质要求。在学生主体的课堂中，他们能够享受到学习的乐趣和成就感，并积极探索自媒体英语学习资源库的可能性。高职英语教学正迎来互联网技术的革新，“互联网 +”为传统课堂注入了更多融合的可能。

二、基于 O2O 模式的高职英语混合式教学

（一）O2O 的教学模式的含义

O2O 教育指的是“Offline To Online”。随着当代社会信息技术的不断发展，在线教育日益受到关注。这个时代，在线教育的“轻松”和“高效”更被师生所关注。

O2O 教学模式是当今教育动态转型创新的一种重要概念，它以科技为基础，关注人们如何体验学习，以服务教育。它以学生为中心，把学习效率放在重要位置，把学习与研究结合起来，实现学习成长的最大收获。O2O 学习模式的结构包括学生角色、教学理念、学习过程、学习环境、教学工县、评估与反馈等 6 大要素。首先，学生应根据自身的能力和兴趣来做出选择，即自我管理，充分利用自己的

知识和智力，从而实现最大效益的学习。其次，教学理念以学习为导向，重视学生自主学习的能力，重视学习任务的完成情况，以及学生之间的合作精神，实现学习效果的改善。此外，学习过程以独立实践为主，但也向学生提供问题解决、技能培训等有利于学生自主学习的环境与资源。同时，学习环境也受到重视，在教室内外都要建立富有竞争力的学习空间，创造良好的学习氛围，保证学习的愉悦性。另外，教学工具是构建 O2O 教学模式的重要组成部分，以网络资源为基础，为学生提供各种有利于自主学习的科技工具，从而实现合理分配学习时间，提高学习效率。最后，评估与反馈不仅对学生的学习效果和结果进行及时反馈，而且对学生本身学习过程的情况也要进行及时反馈，以便纠正学习方式中的不足，促进学习进步。

O2O 教学模式着眼于提高学习效果，旨在帮助学生实现最大的学习效益。它有利于建立更自主、更合作的学习环境，让学生更容易掌握知识，从而发展个人潜能。当然，O2O 教学模式不仅可以用于学校教育，而且还可以用于企业培训，帮助不断提升员工的学习能力，提升公司的竞争力。

总之，O2O 教学模式是一种基于科技支持的新型学习模式，它注重学生的自主学习能力，以较高的效率和更好的学习效果实现学习的最大化，是实现终身学习的重要途径。

随着教学信息技术的不断发展，高职英语教育领域出现了基于 O2O 模式的混合式教学模式的广泛应用。这种创新的教学模式具有许多优势，能够有效地满足学生个体差异，提升英语学习的效果。下文将详细阐述基于 O2O 模式的高职英语混合式教学模式的内在含义，并提出了一系列实施混合式教学模式的具体措施，以进一步促进教学效果的提升。

通过混合式教学，传统教学模式和网络教学模式得以完美融合，互为补充。这种教学模式不仅增强了学生的学习自主性，还能够针对每位学生的个性需求进行个别化教学，从而提高高职英语教学的效果。在接下来的内容中，笔者将基于 O2O 模式对高职英语混合式教学模式的内涵进行深入探讨和研究。

（二）基于 O2O 模式的高职英语混合式教学模式的内在含义

高职英语混合式教学模式并非简单地将传统教学模式和网络教学模式混合在一起，而是综合考虑学习环境、模式、资源和主体等多个因素的有效结合。这种教学模式给高职学生提供了多种学习方式，他们可以选择在传统课堂中学习，也可以通过在线网络平台进行学习；可以跟随教师的讲解学习，也可以自主探索学习；可以利用教材进行学习，也可以通过在线视频资料进行学习。基于O2O模式的高职英语混合式教学模式充分发挥了教师和学生的积极性，形成了良好的互动关系，促进了教学形式的多样化，凸显了教学效果。

（三）开展基于O2O模式的高职英语混合式教学模式的措施

借助O2O模式的发展，将高职英语混合式教学模式引入教学实践中，改变了教师和学生的角色。教师转变为教学的引导者，学生成为学习的主体。混合式教学摆脱了时间和空间的限制，师生可以进行全方位的互动，为高职英语教学提供了广阔的发展空间。在实施高职英语混合式教学模式时，笔者提出了以下5点可供参考。

1. 打造全新高职英语混合式教学模式

传统的教学模式常见于教师作为主导，承担教学计划和任务的制订与执行，而学生则处于被动地位，只能遵循教师对课程的安排，无权参与计划和实施，仅仅是参与者的角色。然而，随着高职英语混合式教学模式的引入，教师和学生的角色发生了变化，主客体之间也可以相互转换。采用高职英语混合式教学模式可以促使学生和教师共同参与教学过程，更好地激发学生的参与度，充分发挥他们的特长和兴趣。教师和学生共同努力，将高职英语混合式教学模式发展得更加完善和有效。

2. 更新教学理念，转换教师自身角色

混合式教学模式引入了网络教学因素，对教师提出了更高的要求。教师需要制订和执行线上和线下两方面的教学计划，并做好相应的准备工作。首先，高职英语教师需要精心安排传统课堂教学，不可放松。虽然基于O2O模式的高职英语混合式教学与网络技术相结合，但传统课堂教学仍然是网络学习的基础。教师必须合理利用课堂时间，安排讲授内容，并与学生共同参与教学活动，解决他们在课堂上提出的问题，确保学生理解知识并能灵活应用，帮助他们掌握所学内容。其次，高职英语教师还需在优质课堂教学的基础上，根据课程和内容设计好网络教学资源，通过网络学习平台向学生发送学习资料，并布置预习和复习任务，巩固所学英语知识，实现网络学习与课堂学习的互补和促进。教师应根据学生的实际情况，发送适合他们英语能力水平的网络教学资料，使各个层次的学生全面提高英语能力，使他们在英语学习方面取得更好的成绩。

高职英语教师在混合式教学模式下需要兼顾传统课堂教学和网络教学，并根据学生的需求和能力差异，提供个性化的网络学习资源，以使教学形式多样化，促进学生在英语学习中取得更大的进步。教师的努力与学生的积极参与将共同推动高职英语教学迈向更高的水平。

基于O2O模式的高职英语混合式教学模式的应用，使得教师在课堂上的面授时间减少，但教师在教学工作上的要求却更高了。混合式教学模式要求教师扮演多重角色，不仅仅是知识传授者，还要充当引导者、监督者和实施者等。相比传统教学模式，高职英语教师在混合式教学中需要承担更多责任，以推动教学模式的有效实施。他们需要精心设计课程计划，在面授时间内与学生互动，并通过网络教学平台提供学习资源和任务。教师还需定期评估学生学习成果，并根据评估结果调整教学策略。高职英语教师的引导作用对于成功实施混合式教学模式至关重要，这将提高学生的学习成效和能力。

3. 建设优良的高职英语课程网络学习资源库

高职英语混合式教学模式建立在网络基础上，因此构建优质的高职英语课程网络学习资源库至关重要。网络学习资源库的质量直接影响学生的学习主动性和学习效果。为确保高职英语混合式教学的成功实施，需要建立优质的网络学习资源库。在选择网络学习资源时，需要满足以下要求：首先，资源应生动有趣，能够吸引学生积极参与英语学习；其次，与课堂学习内容相符合；最后，与学生的英文水平相适应。只有满足这些要求，才能为学生提供有效的学习资源，激发他们的学习兴趣和积极性。

为了最大化高职英语网络学习资源库的使用效果，教师在建设过程中需要科学地整理和分类资源，以便为学生提供便利。这样可以更好地结合高职英语混合式教学的课堂学习和网络学习。

4. 做好课内外的师生互动

基于O2O模式的高职英语混合式教学模式打破了时间和空间的限制，不再受固定的上课和下课时间约束。教师可以随时上线，了解学生的学习情况，并即时回答学生提出的问题，实现师生之间的互动。这种良性的互动不仅限于课堂内，还延伸到课堂外，包括线下和线上的互动。此外，学生之间也可以相互交流，组织小组学习活动，营造积极的学习氛围，激发学生对英语学习的热情，从而提高学习效果。

5. 建立基于O2O模式的高职英语混合式教学模式的考核评价体系

传统高职英语教学通常采用学期末考试的方式来评估学生的学习效果，然而这种方法存在公平性不足的问题，无法全面客观地反映学生整个学期的学习成果。学生往往只关注考试结果而忽略学习过程。基于O2O模式的高职英语混合式教学调整了考核方法，全面考察学生的学习过程。因此，应建立一个全新的评估体系，评估学生在课堂内外、线上线下的学习情况，并及时给予反馈。这样的评估方式能够激发学生学习英语的积极性，使他们注重学习过程而非仅仅追求期末成绩。而且通过科学评价学生的学习进展，还能促进他们全面提升英语水平。

综上所述，当前传统的课堂教学模式已无法满足学生个性化学习的需求，因此高职英语混合式教学模式成为教学的主要发展方向。作为高职英语教师，我们需要调整教学理念，适应时代需求，同时调整自身在教学中的角色；我们应发挥教师的引导作用和学生的主体作用，积极建设网络资源库，促进师生互动，并完善考核评价机制。只有这样，我们才能使高职英语教学工作迈上一个新的台阶，与时俱进。

三、隐性分层下的高职英语混合式教学模式

随着移动化教学的发展，高职英语混合式教学模式应运而生。学生自主化、个性化学习已成为移动化教学的必然趋势。笔者旨在通过研究隐性分层教学理论的基础和内涵，探究在线下课堂教学的各环节和线上内容教学设置中实施隐性分层教学，以促进高职英语混合式教学模式真正意义上发挥积极作用。

随着信息技术与教育融合创新的发展，移动化教学日益兴起。根据2017年1月国务院发布的《国家教育事业发展“十三五”规划》，明确了促进信息技术与教育教学深度融合的重要性。为此，提出了采用混合式教学等多种方式，实现线上线下有机结合的网络化学习新模式，即混合式教学模式。然而，如何有效地开展混合式教学模式，促进学生的全面发展呢？如果在混合式教学模式中也采用传统的“一刀切”的课堂，很难关注学生的个体差异。因而在高职英语混合式教学

模式中，我们要采用隐性分层教学来实施线上和线下的教学活动。

（一）隐性分层教学理论基础和内涵

1．隐性分层教学的理论基础

最近发展区理论是苏联心理学家维果茨基提出的，该理论认为学生的发展存在“已经达到的水平”和“可能达到的发展水平”两个层次，而这两个层次之间的差距被称为“最近发展区”。有效把握最近发展区对学生的发展至关重要。首先，针对学生已经达到的水平进行适当的训练，巩固基础知识和技能。其次，在此基础上，针对学生潜在能力范围内的发展目标进行强化训练，推动学生更快地发展。许多学生在取得优异学习成绩方面存在困难，主要原因是缺乏适当的教学条件和有效的支持。布鲁姆的掌握学习理论认为，学生的积极情感特征是实现学习成功的内在因素。因此，在隐性分层教学中，教师会根据不同层次学生的特点，采用不同的教学方法和教学手段，以确保每个学生都能在最有利的环境中学习知识。通过个性化的教学方式，教师能够满足学生的需求，提供适应其学习水平和学习风格的教学资源和支持，从而最大限度地促进学生的学习效果。好的方法和策略有助于激发学生的学习兴趣和动力，培养学生的自主学习能力，提升学习成就。

20 世纪 80 年代，美国著名的应用语言学家克拉申提出了“i+1”理论，他认为略高于现有水平的语言输入才是学生能够最快程度接受的范围。[①] 因而，通过隐性分层教学，教师可以根据学生不同的语言水平，提供符合其理解能力的语言输入，从而显著提高学生的英语学习成果。

2．隐性分层教学理论的内涵

分层教学模式自 20 世纪 90 年代传入我国已有多年。笔者所在的高职学院已进行了多年的分层教学。在本院热门的会计和国贸专业中，根据学生的入学测试，对整个专业进行分层，划分 A 层次班级和 B 层次班级。经过几年的实践，这种“因材施教”的分层方式较大程度提高了学生成绩和语言应用能力。但是在 A 层次班级和 B 层次班级，学生的水平差异还是存在的。这时候就需要隐性分层教学。隐性分层教学在借鉴分层教学的积极影响基础上，更加关注学生情绪状态，既能更

① 文秘帮．克拉申的可理解输入理论对外语教学的影响[EB/OL]．(2022-10-20) [2023-03-24].https：//www.wenmi.com/article/pznwvv01jvwc.html.

好地激发学生的学习积极性和主动性，又能更好地因材施教，最终达到全面育人的目标。

（二）线上与线下教学设置的隐形分层

1. 线下课堂教学环节设置上的隐性分层

教师可根据问卷调查的相关数据及学生的测验成绩、个人能力、兴趣爱好、学习潜力等具体情况，不外显地将他们分成不同的层次，即 A 为较高水平层次，B 为中等水平层次，C 为较差水平层次。在课堂教学中，可以设置三个层次的问题，包括类似难度、有一定深度和相对简单的问题，以鼓励所有层次的学生积极参与。在作业设计方面，教师可以设置三种类型的选择性作业，包括基础型、提高型和拔尖型。学生可以根据自身情况选择适合自己的作业类型，并可以适度思考其他两种类型的作业，以促进个人学习的发展。在分层评价上，教师应对不同的学生采用形成性评价，在日常课堂活动中，对不同学生给予及时而积极的评价。

2. 线上内容教学设置上的隐性分层

在线上内容推送设置上，教师根据不同层次的学生推送不同难度的线上内容。实现真正意义上的因材施教；在线上任务布置上，布置不同形式的任务给不同层次的学生，实现个性化自主学习的目标；在线上测评设置上，可以有大学英语三级，A 级和 B 级难度水平的测评，让学生自主选择。教师通过这些教学平台上的数据，对学生的学习进行记录、指导、反馈，能够帮助学生营造了良好的线上学习氛围。

隐性分层下的高职英语混合式教学模式能使不同层次的学生在互联网大时代下，真正体验到学习所带来的乐趣，能够激发学生的学习积极性，提高自主学习能力，能让不同层次的学生找到各自的“最近发展区”，促进他们的最优化发展，获得更高的成就感，从而达到英语语言教学的目的。

四、基于“雨课堂”的高职英语混合式教学

高职英语混合式教学模式将“雨课堂”与传统实体课堂相融合，以整合教学资源、拓展教学内容的方式，利用智能手机的应用在课内外相互渗透，增强了教学的吸引力。“雨课堂”所提供的大数据分析技术能够进行学情诊断分析和智能资源推送，有助于教师调整教学过程，提高教学效率。然而，要实现高职英语的

智慧教学，仅靠这些技术是不够的，还需要建立稳定的混合式教学网络，开展多样化的教学实践，并构建互动式的教学情境。

近年来，混合式教学作为一种创新的教育模式，积极推动了教育信息化的进步，致力于深入研究和实践的探索。其核心理念在于将传统课堂学习方式与数字化或网络化学习的优势相融合，以充分发挥教师在引导、启发和监控教学过程中的主导作用，同时激发学生作为学习主体的积极性、主动性和创造性。这种混合式教学模式旨在提供更丰富多样的学习体验，促使学生更主动地参与课堂活动，发展其自主学习和创新思维能力。混合式教学通过有机结合在线教育和实体课堂，融合以学生为主和以教师为主的教学模式，通过相互补充、相互促进，使英语学习变得多样化、全方位的智力和情感发展的体验与实践过程。这种教学模式不再是简单的被动应付，而是通过多元化的学习方式，让学生更好地参与和体验英语学习的过程。

“雨课堂”是清华大学推出的一种智慧教学工具，将信息技术与实体课堂相融合，利用大数据和云计算等技术支持教学过程。通过“雨课堂”，教师可以获得数据化和智能化的信息支持，了解课堂进程和学生对知识点的掌握情况。教师可以在课前通过“雨课堂”推送课件和学习任务，课堂上和课后利用其各种功能实现师生互动。通过“雨课堂”的应用，教学过程更加智能化、个性化，促进了教师和学生之间的有效互动，提升了教学效果。

（一）“雨课堂”支持下的高职英语混合式教学设计

1. 整合教学资源，丰富教学内容

高职英语教学是许多专业的必修基础课程，但非英语专业的学生对英语学习不重视，导致课堂缺乏互动。为此，在高职英语教学内容设计方面，教师应以激发学生对英语学习的兴趣为起点进行，整合教学资源，丰富教学内容。举例来说，在教授问路主题时，教师不仅可以通过“雨课堂”推送与问路、指路相关的慕课和配音等资源，还可以推送交通指示标识和地图知识，突破传统教学资源的限制，使教学内容生动实用，符合学生的学习习惯，激发学生参与英语教学的主动性。通过“雨课堂”的推送，使高职英语教学变得轻松便捷，学习英语可以随时、随地、随需进行，为高职英语学习创造了便利条件。

在教学内容的设计上，教师除了讲解重点和难点知识外，还应该拓展教学内

容，以便于学生在课前进行模仿训练、在课堂上进行知识巩固和技能训练、在课后进行延伸拓展，帮助学生将所学知识内化并提高运用能力。通过“雨课堂”的支持，教师能够为学生提供更丰富、更个性化的学习资源和学习环境，促进他们全面发展和有效提升英语能力。

2. 微信 + PPT 玩转课堂内外

在教学实践中，教师可以利用“雨课堂”来管理班级中的学生。教师安装“雨课堂”插件，关注微信公众号后，点击“我的课程”和“我要开课”创建班级和课程。每班获独特二维码和邀请码。学生扫描二维码或输入邀请码加入班级，参与教学。教学包括课前、课中和课后三环节设计。下面将以职业教育国家规划教材《新编实用英语综合教程》中的“Food Culture”会话部分为例，详细描述基于雨课堂的混合式英语教学实施过程。

在课前的 Pre-class 环节中，教师可以利用“雨课堂”的支持来设计学习内容。首先，教师制作一份精心准备的课件，其中包含重点句型和词汇的讲解和示范。此外，教师还会精选一个与点餐相关的网络视频作为教学资源的补充。完成的课件会通过推送功能发送到学生的手机上，并在微信端提供语音讲解。最后，教师将制作好的课件发布到所创建的班级中，确保学生可以方便地获取和学习课件内容。学生收到课件后，可以根据自己的时间和地点自由学习，不受限于时空和地域。他们可以完成课件中的客观题，并进行自我评测，微信会即时给出分数。教师可以通过点击“查看课件”来了解已预习学生的人数和他们对预测题的回答情况。学生有疑问，可以点击“报告老师”来问题。这样，教师就能有针对性地进行师生互动和课前准备，实现异步教学的目标。

在课堂的 In-class 环节中，教师可以采用便捷的签到方式，如扫描二维码或输入邀请码。学生通过这种方式进行签到，而教师则可以通过邮件等方式收集学生的签到信息。这种简便的签到方式不仅提高了教师的签到效率，还能准确记录学生的出勤情况。通过这样的签到方式，教师可以更好地管理课堂，为后续的教学工作提供准确的数据支持。教师可以利用“雨课堂”平台，将学生的课前预习情况和相关数据及时反馈给他们，让学生了解自己的薄弱之处和不足之处。这种数据反馈也可以帮助学生对自己的学习情况进行评估和认知。在课堂中，教师可以教授点餐的句型和各种菜名，引导学生掌握相关知识。同时，教师可以设计任务，要求学生在规定的时间内进行点餐练习，以检测他们对点餐词句的掌握情况。任务可以包括口头点餐练习或书面点餐练习，让学生实际运用所学知识进行实践。教师可以以示范的方式进行教学，让学生通过模仿来学习。在示范后，教师可以结合学生之前的预习内容，引导他们进行语言输出。为了增强学生的语言实际运用能力，教师可以模拟餐厅用餐情境，设置相关的对话活动。在这个活动中，学生可以扮演服务员和顾客的角色，进行简单的用餐对话。对于具备较高口语水平的学生，教师可以引入点餐视频，并要求他们进行即兴的配音练习。可以将学生分成小组进行这项练习，当学生在练习过程中遇到难以表达或不理解的内容时，可以点击“不懂”按钮进行及时的反馈，针对学生的反馈，教师可以进行及时的讲解、补充及答疑。与传统教学课堂不同，教师通过开启弹幕功能，能够增强教学课堂的互动性和趣味性，以此实现教学课堂中的多元互动。

在课后的阶段，教师可以根据学生提供的弹幕反馈和随堂测评的结果，发布具有不同难度系数的作业。这样的做法有助于教师有针对性地设计作业内容和难度，以满足学生的个性化学习需求。作业形式可以包括跟读模仿、按照视频进行脚本编写并配音等。此外，教师还可以利用投票功能，主动了解学生对教学环节、教学方法和教学效果的满意程度。通过学生的投票反馈，教师可以获得直观的信息和意见，进而总结经验并进行改进，以优化教学设计，提高教学效率。学生还可以选择性地查看他们所感兴趣或理解不够的内容，以实现差异化和个性化的学习。这样的学习方式能够满足学生的不同需求，促进他们在英语学习中的个人成长。

3. 数据分析助力教学评价

在教学评价设计方面，教师需要综合考虑学生在课前的在线预习情况、课堂上的学习表现及课后作业的完成情况，才能做出客观、真实的教学评价。忽视其中任何一方面都会导致评价的不准确性。“雨课堂”运用数据分析和云计算技术，实时记录和统计教师和学生在同步教学和异步教学过程中的表现，为学生的学习和教师的教学提供有意义的反馈。这种评价方式对于促进学生的学习和教师的教学都具有重要意义。教师可以利用课前的预习数据来评估学生的水平和学习态度，从而有针对性地调整课堂环节的设计，确保教学任务和设计符合学生的实际水平。通过即时学习数据分析，教师可以了解学生对知识点的掌握情况，并根据这些数据来灵活调整教学节奏、范围，从而更好地满足学生的学习需求。而通过对课后作业数据的分析，教师可以评估整节课的教学效果，了解学生在知识掌握和能力提升方面的表现。基于这些数据，教师能够针对学生的个性化需求进行因材施教，为他们提供有针对性的支持和指导，实现个性化学习的目标。作业数据分析不仅可以帮助教师了解学生的学习状况，还是教师进行终结性评价的重要依据之一。通过综合考察课前、课中和课后的数据分析，教师可以全面了解学生的学习情况，为教学提供科学依据，促进学生的学习进步和教师的教学优化。过去的课堂教学主要依赖教师通过作业和考试观察学生，然后凭借经验和主观判断进行教学。这种方式给教师增加了负担，并且耗时较长。然而，通过“雨课堂”产生的大数据，教师可以根据客观、实时的学习数据调整教学模式和教学方法，学生的学习情况也可以直观地展现并实现可视化。这样的数据分析让教师更准确地了解学生的学习需求和问题，并针对性地进行教学调整，提升教学效果。

（二）课堂的应用建议

在使用“雨课堂”进行混合式教学时，网络环境至关重要，网络的频繁卡顿会影响正常的教学活动，仅依赖手机流量进行混合式英语教学也不切实际。不稳定的网络环境可能导致教师推送的信息资源无法被学生及时接收，从而无法进行及时有效的反馈，进而影响课前预习、课堂讲授和课后复习的顺利进行。学校后勤部应保证无线网络高速畅通，以实现信息技术在教学中的广泛应用。这样才能确保混合式教学的正常实施，并构建一个有效的外语学习环境。为此，学校需要注重网络设施的建设和维护，并提供稳定的网络连接和充足的带宽，以确保学生和教师能够顺利地使用“雨课堂”进行混合式教学。

对于高职英语教学课堂而言，多样化的教学设计扮演着重要的角色。高职学生的学习能力和基础各不相同，教师设计的教学活动符合高职学生学习特点，则能够吸引学生进行有效的学习，反之，学生可能会对混合式教学失去兴趣，忽视了课前的预习环节，手机将成为课堂上的娱乐工具，从而使学习效率大打折扣。因此，在整合教学资源的设计上，为唤醒学生对英语学习的兴趣，教师需要选择适合高职学生学习偏好的相关资源。课堂活动设计应生动多样，避免拘泥于一种教学模式。教师应根据班级特点灵活尝试，结合案例、小组讨论、话剧表演、电影配音等形式进行知识讲解，以锻炼他们的英语语言技能。此外，试题库的设计应紧密连接课堂内外，确保教学活动的高效实施。通过综合应用多种评估形式，教师可以更好地了解学生的学习状况，并及时调整教学策略，以提供个性化的指导和支持。在开展混合式教学时，教师需要提高对课堂的掌控能力，而不能仅关注信息技术，忽略教学内容。教师应当在教学活动中灵活运用“雨课堂”和微信等工具，以提升教学效果，并关注教学内容的质量和实施情况。

随着“雨课堂”的引入，混合式英语教学成为现实，教师的指导和管理在“雨课堂”的每一个教学环节都得以体现。这种创新丰富了教学资源，使教学过程变得灵活多样，教学内容更加充实，同时，让师生之间和学生之间实现了自由的联通和互动。另外，“雨课堂”实时记录教学过程，通过数据驱动的教学评价使教学更加科学和合理。

五、基于云班课移动平台的高职英语混合式课堂教学

基于云班课移动平台的高职英语混合式课堂教学具有开放性和互动性特点，具体应用过程中需要从课前准备、课堂教学和课后总结复习三个阶段采取相应措施。根据相关研究，该模式在高职英语教学中获得较高满意度，有利于激发学生学习兴趣，培养学生团队合作精神，提高学习成绩。为改进教学中的不足，进一步提高学生满意度，课前应根据学生需求推介学习资料并加强监督，灵活设计形式多样的课堂活动，增进与学生交流并改进考核评价方式。

（一）基于云班课移动平台的课堂教学概述

随着互联网和智能手机的普及，云班课移动平台应运而生。学生可以随时随地使用云班课进行高职英语知识的学习，不再受时间和空间的限制。因此，云班课移动平台的应用越来越受到重视。

高职英语教学过程中，教师可以利用手机下载云班课移动 App，并通过邀请学生加入，搭建一个实时反馈的教学互动平台。在这个云班课移动平台上，教师能促进师生之间的交流互动，及时解答学生的疑问，有效辅助学生在课前、课堂和课后的学习。这种教学平台可以提高学生的学习效果，使教学更加灵活和个性化。通过该平台，教师能够提醒学生进行自主学习。同时，教师可以向学生发送课程通知，提供课件、图片、视频、音频等丰富的学习资源，方便学生获取所需

资料。在课堂教学或复习阶段，教师可以随时组织学生进行交流互动，共同参与答疑解惑和讨论活动。通过组织投票和问卷调查等形式，教师能够深入了解学生的学习情况和理解程度，并及时调整教学策略和内容，以满足学生的学习需求。这种积极的互动环节能够激发学生的学习兴趣，提高学习动力，使整个教学过程更加生动有趣。教师还能够跟踪学生的学习进度，给予及时评价。这种平台的运用能够促进教师与学生之间的互动和沟通，提高学生的学习积极性和效果。

（二）基于云班课移动平台的高职英语混合式课堂教学过程

在备课阶段，教师会根据高职英语单元的教学目标和要求，综合考虑学生的兴趣、爱好和个性化需求，对教学资源进行筛选和整合。这些教学资源包括文本、音频、视频等多种形式，并将它们上传至云班课移动平台，以供学生在课前进行预习和学习。学生可以借助智能手机进行自主学习，在课前进行预习并完成相应的测试。遇到的疑问可以及时记录，并将其反馈给教师。通过利用云班课移动平台，学生能够随时随地获取学习材料和资源，灵活安排学习时间，并通过在线交流与教师及同学互动讨论。这种自主学习方式培养了学生的学习自觉性和独立思考能力，提高了学习效率和成果的质量。

在课堂教学策略方面，可以利用云班课移动平台简化考勤流程，从而节省宝贵的教学时间。教师可在平台上创建签到手势，并设定指定的时间段。学生只需在规定时间内输入正确的手势，即可完成签到，操作简便高效。这种方式不仅提高了考勤效率，也减少了烦琐的纸质签到过程，为教师和学生创造更多课堂互动的时间。云班课移动平台还提供实时考勤记录和统计功能，方便教师及时掌握学生出勤情况。这样便捷的课堂考勤方式有助于提升教学效率，让教师更专注于教学内容的传授和学生的学习指导。为了检查学生的课前预习效果，可以用更具趣味性的方式挑选学生进行分享预习内容，如教师可以充分利用云班课移动平台的“摇一摇”功能，通过摇动手机随机选取学生，为这些“中奖”学生提供一个分享课前预习内容或提问的问题的机会。同时，在教学过程中，教师可以灵活运用项目化教学和小组合作学习等形式，激发学生的学习兴趣和主动性。通过云班课平台提供的丰富功能，教师可以设定抢答题目和布置小组学习任务，进一步促进学生的参与和合作。特别是通过平台提供的“举手”功能，教师能够根据学生举手的名单有序地组织交流和讨论，确保学习任务的顺利进行。这样的教学策略利用云班课移动平台的功能，为教师提供了更多的教学工具和交互方式，使课堂教学更加丰富和高效。

课后的总结复习阶段，可以通过“头脑风暴”功能，与学生互动提问，并设置答疑区，以评估学生的学习效果。这种交互式的教学方式能够激发学生的思维，促进他们积极参与讨论和问题解决，同时帮助教师及时了解学生的学习情况和掌握程度。通过这种方式，教师可以及时发现学生的困惑和问题，并针对性地进行解答和辅导，从而提升学生的学习效果和学习成果；能够增强师生之间的互动与沟通，提高教学质量和学生的学习动力。此外，教师可以在云班课移动平台上发布作业，要求学生按要求完成并提交作业。学生完成作业后，还可以在平台上撰写总结报告，对学习过程进行回顾和总结。

（三）基于云班课移动平台的高职英语混合式课堂教学改进建议

课前根据学生需求推介学习资料并加强监督。为了提高任课教师在课前资料推送方面的针对性，对学生的课前学习反馈至关重要。为此，教师需要与学生建立联系，了解他们的个性化需求。根据学生的反馈意见，任课教师整合和提炼学习资料，并向学生推送相应的学习资料，激发他们利用云班课移动平台进行自主学习的热情，并以满足其课前自主学习的需求。任课教师可以要求学生在进行课前自主学习后，通过平台向教师反馈遇到的问题，并自主完成课前测试和练习。这样学生可以在课前自主学习方面得到有效的落实，使他们对教学内容有初步了解，并为更好地参与高职英语课堂教学活动奠定基础；还可以激发学生的学习动力，提升他们的学习效果和参与度，进而推动整个教学过程的积极开展。同时，帮助学生巩固和拓展他们的学习成果，实现知识的深入理解和应用能力的提升。

云班课移动平台中一些功能模块，如单词模块、听力模块和口语类应用等，被学生使用的频率较高。学生能够通过该平台查找单词，进而理解单词的意思，并加深对单词的记忆。这些功能模块为学生提供了方便的工具，帮助他们在学习过程中更好地掌握和应用英语单词。

为了提高云班课移动平台的应用效果，增强学生的满意度和学习兴趣，密切与学生进行交流和沟通是至关重要的。任课教师应该加强与学生的互动，同时对于内向、沉默的学生，教师需要耐心引导和鼓励，帮助他们克服心理压力，激发他们主动利用云班课移动平台进行学习。通过这样的交流和沟通，教师能够更好地了解学生，并根据他们的需求和特点，提供更有针对性和个性化的学习支持，从而提升学生的学习效果和满意度。

在高职英语混合式课堂教学中，学生可以通过云班课移动平台进行课前自主学习，并在课堂活动中发挥主体作用。基于云班课移动平台的高职英语混合式课堂教学模式，效推动学生参与小组互动与讨论，在激发学生学习兴趣的同时，培养团队合作精神，并在一定程度上提升学生的满意度水平。为提升高职英语课堂教学效果，教师应加强对这种教学模式的应用，为学生提供适当的学习资料，并不断优化教学流程，合理组织课堂活动。这些措施将有效促进高职英语课堂教学的提升，使学生在学习中更加积极参与、理解更深入、掌握更扎实。教师的积极参与和有效引导将为学生的学习带来积极影响，提高整体教学质量。

第二节　基于慕课的高职英语课堂混合式教学创新

按照建构主义学习理论，教师在教学过程中要始终以学生为中心，重视学生自主地探索知识、发现知识及领悟知识的深刻内涵，从而主动地进行知识层面的建构。传统的 3P 英语教学模式以教为中心，知识单向传递，因此在很大程度上直接忽视了学生主动学习的重要性；3P 英语教学形式局限于课堂教学，在固定的时间和地点组织班级教学势必会影响教学目标的有效达成。基于新兴的慕课环境，通过线上提前传递慕课视频，线下面授发挥传统教学优势，帮助学生知识内化，搭建从线上到线下的混合式教学平台，以期提高高职英语学生的学习效率，高效达成英语课程教学要求。

一、概念界定

（一）慕课的概念

慕课（Massive Open Online courses，MOOC）本质上是一种开放的、在线的课程，主要通过以分享理念、具备协作精神的个人或组织来加大传播力度，进而将知识发布在因特网上，规模大、网络化高是其显著特征。

（二）慕课（MOOC）的发展过程

2000—2007年，美国开始初步发展慕课，并倡导开放教育理念，推出了开放大学、开放学习、开放资源和软件、开放内容，以及麻省理工开放课程网页等项目。此外，美国还于2008年推出了基于关联主义的慕课模式。2012年，以斯坦福为首的新型公开课 xMOOC 引起巨大反响。Udacity、edX 和 Coursera 被称为慕课领域的“三巨头”，可提供接近500门不同学科的在线课程资源。越来越多的国内高校选用“三巨头”MOOC 平台进行课程教学。另外，在国内，超星、学堂在线等慕课平台的发展也非常迅速，这表明中国教育已经进入了 MOOC 时代。

（三）慕课的特征

在网络课程的庞大范畴里，慕课所具备的形态十分高级，富媒体化、知识单元化、学习行为管理是它所具备的三种特征。

进行在线课程学习的学生需先完成两项任务，即选择课程和开始学习。选课是一项个性化的过程，它与被动学习是完全不同的。这一过程综合了多种因素，包括教师信息、教学大纲、视频和文字介绍、学习评价、预期目标和课程小组等，旨在满足每个学生的需求和期望。学生应该主动加入在线互动、完成课程测验和作业、阅读课外拓展材料，还要积极参与线下研讨会等活动，以此来获得更完整的学习体验。此外，这些举动能够展示学生在自我管理学习方面的能力。利用后台数据，教师可以更加深入地了解每个学生的自我管理情况，进而获取更为全面的学生信息。因此，教师可以根据学生的独特个性和需求，采用更为精准的教学方法，开展个性化的教学。

二、教学创新

（一）在慕课背景下构建具有特色的高职英语课程体系

为了提升学生的英语应用能力，高职英语教学应该秉持慕课教学理念，并根据学生的学习需求构建专属的课程体系。高职学生的英语应用水平可以通过个性化的教学课程得到提高，这种课程设计可以为每个学生提供有效的学习体验。因此，要创建一套独特的高职英语教学体系，以助学生的学习需求为导向，通过整合资源，提供全面的英语学习服务，帮助学生获得更高品质的英语学习体验。在制订教学计划时，要设想一种特色教学体系，从而满足学生成长的需求，此举不仅能使英语授课更有针对性，还能有助于学生提高英语水平。

在设计慕课教学框架时，教师可以将课程内容分为三个模块：基础知识、专业英语和综合素质，这样做可以满足学习目标、技能目标和学生素质目标的要求。这个方法可以使教师设计出丰富的慕课，并提供更多的课程资源，从而使受益的学生人数越来越多。教师应以潜心培养专业人才为主要教学目标，设计适合该专业的英语慕课。在制作慕课时，教师应该将英语语言和专业知识有机地融合在一起，使用相关的行业术语，以便学生更全面、深入地了解英语专业知识。此外，为了满足学生不断提升自我能力的要求，教师可以对慕课内容进行精心安排，包括但不限于听力、口语、阅读、写作和翻译等方面。在此基础上，教师要针对学生的个性化需求，制订针对性培训方案，让学生能够真正受益。同样，我们要强调学生自发学习的价值，充分利用慕课的优点，将其与教学相融合，从而实现共同提高。另外，教师还可以通过创建慕课来设计实际操作课程。举例来说，针对导游专业的学生，教师可以模拟真实学习环境，将所学知识应用于实际职场中，进而创造出一种生动活泼的学习氛围，提高学生的训练成果，提升他们的英语专业能力。

在构建高职英语特色教学课程体系的过程中，教师应当以学生为核心，确保其教学方式和教材的选择都能够配合学生的需求和学习特点。学生是在线课程的主要受益者，并且是高职教育的核心受众，因此他们非常重要。所以，为了更好地为学生提供服务并符合学生的实际需求，慕课应用和教学体系的构建需要进行创新。因为不同高职学生的英语基础水平有差异，所以教师可以采用分层教学的方式，设计高、中、低三个层次的课程体系。这样学生可以根据自己的情况自主选择适合自己的学习起点和内容，相应的课程设置将更能解决个体需求。

（二）在慕课背景下充分利用慕课资源来丰富高职英语教学内容

借助慕课平台进行高职英语教学，能够使得学生的自主学习程度大大提升，其教学效果也能够显著提高。虽然慕课可以为学生提供更好的自主学习环境，但是传统课堂教学也不可或缺。高职英语教师可以通过积极运用慕课资源和有益拓展课堂教学内容，有效增强课堂教学效果，进而使学生在上课过程中获得更为愉悦的学习体验。尽管慕课已经成为教育领域的趋势，但课堂教学仍然扮演着至关重要的角色，它是学生学习的主要指引和规范来源。只有建立了这个基础，学生才能通过自主学习慕课来获得更好的学习成果。慕课平台能够提供丰富多彩的教育资源，教师们可以根据实际课堂需求充分利用这些资源，有效拓展教学内容。

（三）在慕课背景下构建“翻转课堂”创新高职英语教学方法

慕课背景下，高职英语—翻转课堂授课模式很好地激发了学生的主观能动性与学习欲望。学生在正式上课前按照教师要求进行欣赏自主学习，结合自身英语学习能力进行教学视频观看，根据自身实际情况决定进行视频观看的次数。全体学生预习环节统一进行基础知识学习，使所有学生对英语知识的掌握情况基本保持一致，这为课堂教学活动的有效开展奠定了坚实基础。学生在拥有一定英语知识储备的情况下开展课堂讨论与课堂交流，可以使全体学生在研讨过程中将自身所学尽数展示出来，以此获得喜悦感与成就感。在慕课背景下，高职英语课程开展翻转课堂授课模式，所有的教学环节都是建立在高职学生兴趣点上的，因此学生也都是在自愿的情况下展开自主学习的，为保持学生的学习欲望，教师应该鼓励学生按照适合自身的学习方式和习惯开展学习，逐渐培养学生对自己行为负责的良好自主意识。作为高职学校学生，应该深度知晓自身的学习目的与学习目标，并且在自主学习过程中不断优化自身的学习方式，进而实现自身的学习目标。

第三节　移动网络环境下高职英语混合式教学模式创新

一、基于移动网络基础，合理设计教学内容

高职英语教学面临的困难之一就是学生的英语基础薄弱，这对英语教师提高教学质量造成了很大的影响。由于课时有限和教师精力有限，高职院校通常只能采用统一的教学内容，而难以实现针对不同需求的个性化教学。在“翻转课堂”混合式教学模式中，教师可以巧妙地规划教材内容，通过联合线上和线下两种教学方式实现对学生个性化的教育。

英语教师应充分利用线上课程的长处，在教学过程中将英语基础和中等难度知识内容设置为线上课程，从而实现教学效果的提升。举例来说，教师可以在班

级英语群或网络学习平台上，提前将课堂的教学目标和任务以 Word 文件的形式发布。接着，教师制作多种类型和难度不同的微课视频，以便针对每个章节的教学内容进行针对性的教学。这样，学生就可以自主选择适合自己学习目标和能力水平的微课视频。这一做法能够帮助学生在课前自学时提高学习效率，进而提升学生的学习质量。另外，为了讲解章节语法，教师可以尝试制作两段视频。视频的前半部分内容丰富多彩，包含许多有用的信息，并且教师的语言要详细全面，使学生能够更加深入地学习和领悟；第二段视频内容节奏需要足够紧凑，重点突出知识的应用与拓展，进而方便具备较强学习能力的学生进行观看学习。英语教师需要精心策划与难点相关的教学活动，并将实践教学元素融入其中，以促进学生自主学习意愿的培养和实践技能的提升，这样能够更好地应对线下课程。就教学内容而言，线上课程应该侧重基础和中级层次的课程，而线下课程则应该聚焦于实践活动和关键、难点内容的授课。单个教师难以收获最佳的分类设计效果，因此需要鼓励教师们积极合作，在制作和设计在线教学视频方面紧密配合，充分利用移动网络的优势。这有助于为学生打下坚实的学习基础，从而促进他们在线下课堂中的成绩的提高。

二、转变教师教学观念，树立学生的主体性

转变教学观念是英语教师在开展“翻转课堂”教学的过程中十分重要的任务。此外，英语教师还需要掌握学生就英语学习的主体性特征。

为了顺利运用“翻转课堂”教学模式，教师需要对课堂内容进行深入研究，并根据学生的学习情况将内容划分为自学和课堂讲解两个环节。教师可以为学生提供适合的学习资源，同时在学生能够接受的范围内给予必要的引导，以帮助他们自主选择学习内容，并使其获得必要的支持。只有这样，教师才能实现向设计学习活动和引导学生学习的角色的转变，不再只是传授知识的角色。

举例而言，教师需要投入很多时间来给学生提供深入的单词学习指导，这是传统的英语授课方式所必需的。然而，这种教学方法并不适用于所有学生，因为很多学生已经具备自主学习单词的技能，能够利用词典、网络浏览器和其他搜索工具进行学习。所以，为了确保“翻转课堂”的效果，教师需要将这些内容转移到在线教学平台上。可以考虑将单词教学分成多份视频，其中一个视频可演示正

常的单词发音，另一个视频则可细致探讨该单词的各种细节，比如它的各种含义。这样可以更好地帮助学生理解和掌握单词的不同方面。将这些视频发布到已建立的学习平台上，学生可依据各自的学习能力自由选择自主学习。此外，教师还可以利用在线学习平台观看相关的录像，以便更好地了解学生的自主学习进展。这样，教师可以为之后的课程制订更具针对性的教学流程。基于这一点，英语教师可以采用师生互换的教学方式，鼓励学生快速解释单词并提出自己的问题，同时教师也需要在旁边协助他们。

三、重视形成性评价，构建多元考评体系

通过采用课堂翻转混合教学模式，教师可主动引导学生充分利用移动网络技术，自主学习多元化的教学资源，如视频、文档等。通常情况下，高职学生缺少对英语学习的热情，这会导致完成教师布置的任务的质量欠佳。因此，教师需要注重培养学生对学习的兴趣，关注线上和线下课程，建立多元化的考核评价体系，以激发学生的积极性和自我发展潜能。也就是说，要想在混合式“翻转课堂”教育模式中有效落实线上教育资源的使用，必须设立一套全面而严格的考核评估机制，以此激励学生的认真学习。

为了实现构建混合教学模式评价体系的目标，高职英语教师需要在线上和线下课程中合理地应用形成性评价和总结性评价，尤其需要重视在线上课程中的形成性评价方式。随着线上教学方式的多样化，教师很难全面了解学生的学习情况，而采取传统方式更是难以做到。为了实现这一目标，教师应充分发挥网络教学平台的先进功能，例如，进行高职院校身份验证和数据统计，以便监测学生在网上学习的情况。通过这种方式，教师可以轻松查看学生所观看的视频、监控学生的在线作业情况，从而对学生的学习成果进行全面评估。此外，在传统的教学方法（线下课程教学）中，教师需要对学生进行定期的随机检查，以确保学生的自学效果，杜绝作弊行为。同时，教师需要不断完善衡量终止点的评估标准。传统的高职英语考核方式单纯依靠期末成绩来衡量学生成绩，但是更多元的考核方式应该包括对学生学习过程的评估。学生的平时表现应该被纳入考核标准，包括线上和线下课程，该部分需要占总成绩的 60%。

四、组建特色兴趣社团，进行职业英语教学

目前，高职英语教学主要依据公共英语教学标准来进行，但其中有一些内容与学生未来的职业发展没有密切关联，这使得学生学习英语的动力不足。英语教学改革的趋势之一是在专业指导下进行教学改革。在线教学中，教师可以考虑运用学生的专业知识，以与学生的未来职业相关的形式来教授职场英语。为了提高职业英语教学的效果和质量，教师可以激励同专业的学生主动联合起来，以小组合作的方式互相学习和实践职业英语。这样的做法可以有效地提升学生的学习效果。

普通英语课程的教学重点主要集中在教材上，教材是核心教学内容。由于网络课堂基于互联网，因此其在教学内容方面没有任何限制。除了使用该校教师所制作的资源，英语教师还可以搜集来自互联网的教学素材，并将其用于在线课程的开发。为了确保职场英语教学课程的准确性，英语教师需要与相关专业领域的教师进行有意义的交流和沟通，以提高学生在职场中应用英语的理解水平。

另外，英语教师可以根据实际的教学经验来确定教学的内容，还要积极运用网络资源，鼓励学生成立兴趣与特点相关的学习小组。在小组中，学生应根据自身专业需要学习与职业相关的英语知识。如果高职院校拥有足够的教师资源，就可以为每个社团分配一位或多位教师作为导师。这些导师可以定期为被其指导的社团准备与其专业相关的英语资料，比如，英语新闻、语言词汇和文章等，以便帮助学生更深入地学习知识。此外，英语教师可以根据学生的专业能力，创造独特的场景表演，鼓励社团学生将工作和日常生活的英语知识融为一体，以提高他们使用英语的效能。教师可以创建专业主题社团，将英语与学生所学专业有机地融合在一起，这样做可以丰富混合式教学的内容，并有效提高学生在职业英语方面的能力。

第四节　高职英语跨时空混合式教学与智慧课堂创新

智慧课堂旨在培养具有创新思维和高智商素质的人才，这是高职院校提升教学效益的核心战略目标。移动云平台的重要特征在于能够推动学习泛在化，有助

于建立学校与企业融合的学习社群，同时还能提供互动式数字教材的支持。跨时空混合式教学是一种融合了移动设备和云端技术的教学模式，它支持同步和异步学习方式，并能够整合线上和线下的学习资源，还能通过实时大数据分析来优化学习过程，从而促进校企合作和学生成长，非常适合高职学生的学习需求。通过移动云平台的搭建，学生可以在更广阔的空间进行互动交流，进而真实地感受英语学习的场景和情境，促进学习行为的真实发生。

根据《国家教育事业发展“十三五”规划》，高职英语教师应主动探索信息技术与教育教学的深入结合，通过运用大数据技术广泛采集学生行为数据和教育教学活动数据，并及时作出相应反馈，以推动教育教学的不断改进。这将有利于推动个性化学习和针对性教学的发展，并为其提供有效支持。高职英语教师要支持推进智慧校园的实施，使用最新科技手段，如互联网、大数据、人工智能、虚拟现实等，来革新教育教学方法，正面影响各个教育领域。目前，人们越来越重视智慧教育，并积极推动各学校快速推进数字化、智能化改革，这也引发了公众对智慧化教学的关注。在新时代的背景下，高等职业教育课堂教学质量不断提高，同时也面临着崭新的机会和挑战。因此，为了促进信息技术变革，我们应积极实施富有高校特色的信息化教学新模式，以此为我们提供全新的问题解决方案。

一、跨时空混合式教学与智慧课堂

（一）跨时空混合式教学

最初，美国学者库尼和其同事提出了混合式教学的概念，他们是在研究如何更好地教授学龄前儿童时提出的。混合式教学主要创造一种教学环境，它结合了移动通信设备、网络学习环境和课堂授课。混合式教学强调采用多种技术手段，如现代教育技术，以及其他多种工具，来改进传统教学方式、整合其资源、展示其优势并对其进行深度利用。这种方法将传统的课堂教学、实验及在线网络教育相互融合，能够帮助教师取得更好的教学效果。经过国内外 20 余年的发展，混合式教学不仅在高校中得到广泛应用，更引起高职线上教学的应急性变革。

新型冠状病毒感染暴发后，经济合作与发展组织（OECD）在总结各国教育应急政策时特别提到了“大规模部署在线课程”。2020 年 2 月，我国教育部印发了《关于在疫情防控期间做好普通高等学校在线教学组织与管理工作的指导意见》。随后，依托互联网学习平台及各类在线授课资源，在疫情防控期间，全国先后有1454所高校的103万名教师在线开出了107万门课程，参加在线学习的大学生共计1775万人，合计23亿人次。① 在高校从被动接纳到主动参与的过程中，这种线下线上相结合的混合式教学水平得到不断提升。

1. 基于时空视角的混合式教学特点

在开展混合式教学时，不仅要将线上和线下两种教学方式简单地结合在一起，还需要考虑到教学实践、时间与空间、教学方式及评价这四个方面的混合，从而实现更好的教学效果。在混合式教学模式中，转换学习时间和教学方式的能力是至关重要的认知核心。时间和空间对认知产生的影响不仅体现在在线和离线教育资源的整合利用上，还包括教学场景的设计和实践，并基于此影响着课堂教学方式和评价效果。

法国现代哲学家列斐伏尔认为空间“并不是一个抽象的名词”“也不是通常的几何学和传统地理学的概念，而是一个社会关系重组与社会秩序实践性建构的过程”，是“一个关系化与生产过程化的动词”。② 因此，从空间视角看，混合式教学并非只是线上线下教学场景或课堂范围的转换更移，而是更强调混合式教学空间结构中的关系隐喻及其主体间角色的空间实践性。由此看来，看似消弭模糊的线下课堂和教学空间边界，其实也在线下线上的空间转换中重构出一种新的教学结构，即一种基于“混合”的新的教学关系、新的教学资源整合与新的学习实践主体认知。

混合式教学蕴含新的教学关系认知。伴随着混合式教学中传统教室空间边界的打破，单一有限的线下课堂空间得以拓展和延伸，但也使传统课堂中的“教”和“学”不再处于共同的时空场域。首先，学生的知识学习可以不经由教师传授得到，而可以在一定情境下，借由他人或媒介，利用必要的学习资料，通过意义建构的方式获得。其次，教师也从原先单纯的知识传递向知识、能力、素质的全面培养转变，大力帮助学生自主探究学习与个性化学习，让学生将学习重心从被

① 中国青年网．教育部：疫情期间1454所高校103万教师开展在线教学[EB/OL]．(2020-05-14) [2023-03-06].https：//baijiahao.baidu.com/s?id=1666649553519134989&wfr=spider&for=pc.

② 中国教育新闻网．混合式教学引发“跨空间”教学变革[EB/OL]．(2022-11-10) [2023-03-05].https：//baijiahao.baidu.com/s?id=1749067133776202057&wfr=spider&for=pc.

动学习转移到构建主动意义上。

混合式教学蕴含新的教学资源整合认知。与传统教学模式相比，混合式教学不仅充分体现了互联网所倡导的共享精神和资源整合优势，也可以对不同时间、不同空间内较为分散的优质教学资源进行整合，使得全民都能对教学资源进行利用，并拓展教学资源的范畴。一方面，网络等新媒体平台接入传统课堂，有助于校内外教学资源的整合运用与即时互动，提高了社会教学资源整合效率；另一方面，多媒体平台提供了更加多元的线上实践空间，有利于线上线下显性课堂与隐性课堂的多平台资源及其实践功能融合，并使得教师最大限度地优化以无实体课堂、演播室为主的网络教学的整体效果。

混合式教学蕴含新的学习主体性角色认知。作为混合式教学的主要承担者，教师对于混合式教学的认知除了教学效率和便利性，更应该关注并支持学生在线上线下教学空间中获得更好的学习体验。

2. 混合式教学实践及人才培养路径

对教学空间、实践空间和能力空间等教育空间的探索，直接涉及人才培养的实践和质量。

在教学空间，实施以学生为中心的导入式学习。导入式教学是重要的课堂教学开启手段，使用灵活多样的教学方法，适应新的教学平台和环境，可以更迅速地实现教学目标和要求。混合式教学是以学生为中心的教学模式，要求教师采用引导式学习方式。这种方法不仅使学生能够自主选择和掌握部分学习内容，还通过引入问题任务的方式，促使他们在解决问题或完成任务的过程中提升学习效果。

在实践空间，推动以成果为导向的实践链构建。成果导向教育（OBE），由史派迪（Spady）于1981年率先提出，意欲反思教育的实用性与教育成果的重要性。因此，在教学设计和教学实施目标中，应强调学生通过学习自主追求成果，而不仅仅是知道了什么，并最终以学习成果为起点，反向进行课程设计和开展多样的教学实践活动。

（二）智慧课堂

智慧课堂是一种利用先进的教育技术和在线教育平台，给学生提供更加互动、个性化和有效的学习体验的教学模式。在智慧课堂中，教师能够通过教育技术工具和互联网资源来教授课程内容，学生能够通过电子设备来参与课堂互动、完成课堂作业和获取教学资源，同时教师也能够通过在线平台实时掌握学生学习情况，为学生提供更加个性化、精准的教育服务。智慧课堂是教育信息化和智能化发展的成果，在教育现代化进程中处于更高的阶段和表现形式。信息技术的飞速发展，如多媒体计算机技术、云计算、大数据等，正在深刻地改变着教学方式、学习方式、教学环境及学生的思维模式。这一趋势会不可避免地促进课堂的变革，智慧化的课堂将更加引人注目。笔者看来，随着时代进步，教育的目标必然会转向培养具有创新和创造能力的人才，这将成为智慧教育的一个新的，而且非常重要的任务。所以，我们需要快速适应时代的需求，重新构思教学方式，打造全新的教育氛围，以保证我们的教育体系跨越工业时代，迈入智慧时代。智慧课堂的宗旨是培养具备高水平智力和创新能力的人才。为了达成这一目的，教师可以运用新兴技术手段如大数据和云计算，来重新规划学习环境的“云＋端”设计，并采用智能分析来识别学习状况，采用智能化推送途径来提供相关资源。此外，教师需要采用多种教学方法记录学生的学习历程，并根据多元智能进行评估。一言概之，智慧课堂是一种全新的教学模式。

二、高职英语跨时空混合式教学模式创新

学校的核心工作在于课堂教学，这一环节的质量直接关系学校是否能够培养出优秀的人才。传统的高职英语教学注重课堂口语对话练习，然而，最有效的学习方法需要帮助学生随时随地自如地使用和实践英语，以加深学习效果。因此，教师可以利用云计算和移动设备，创建一个能够跨越多种终端的学习环境，让师生随时同步或异步学习，并整合线上和线下学习资源。在这个学习环境里，教师还应通过大数据分析技术实时调整课程内容，打造一个适合高职学生学习的校企教育生态系统。教师要采用各种不同的教学方法和策略，让学生在线上和线下实践英语听说读写的能力，从而提高英语沟通和交际技巧。

（一）重构“云＋端”跨时空学习空间

泛在式学习环境可以帮助学生轻松、专注和高效地进行学习。智慧教育的主要目的是通过融合科技元素，建立一个能够充分利用高效教学法的学习氛围，为学生提供个性化服务和愉悦的学习经验，从而达到提高教师教育质量的目的。通

过这种方式，教师能够最大化发挥学生的潜力，进而培养出品德良好、行动力强、思维能力优秀且富有创造力的人才。这表明要实现智慧课堂，必须打造优质的学习氛围。为深入了解学生特点、建立畅通的学习交流环境并满足学生需求，教师需要运用移动云平台进行大数据分析，并提供点对点的学习资源。以高职商务英语课程为实例，该课程运用云端学习环境的异地和不同时段的学习资源，在课前、课中和课后三个阶段分别促进师生的学习。该课程通过在移动云平台上分别为学生和教师搭建独立的云空间，改善了教学效果，使双方更为有效地进行互动。在课前，教师会提供微课教学资源、音视频素材和文本资料，让学生按照指定流程进行自学，以推动创造性思维的发展。学生需要在课后进行延伸性训练，以取得富有创造性的学习成果，并将其分享至云端。虽然师生身处异地，但移动云平台能够使得他们的协作得以实现。教师可以通过考试等手段评估学生自主学习的效果，而学生的学习行为也会受到同伴之间相互监督的影响。教师可运用数据为学生提供实时回馈，以便在异步学习环境中跟踪、引导和评估他们的学习。在课堂上，教师和学生共同进入学习空间，通过同步互动达到教学和学习的目的。教师利用云平台的数据，根据学生处理任务的表现为每位学生提供独特的个性化指导，即对每个学生开展点对点、一对一的个性化辅导。在同步或异步的学习环境中，教师都需要履行多个职责。除了筛选和制作教学资源外，教师还需成为与学生一起学习并设计课程的伙伴，激励和引导学生培养创新思维和创造能力。

（二）跨时空的学与教

为了更好地支持课堂教学，教师需要进行空间、情境和资源的重新构建和优化。借助移动云平台，教师可以将物理世界的学习环境与云端资源深度融合，打造一个真实、实时的英语语言学习空间，为学生提供更加真实的学习体验，从而助力他们更好地掌握语言技能。

1. 任务驱动的异步空间学与教

在上课前，教师与学生分别处于不同的时间与空间环境内，各自承担不同的职责与任务，即便身处异地，双方仍可以通过移动设备保持联系。作者通过四项措施来阐述如何促进课前异步空间的教学和学习，包括任务导向、导学案的引导、资源导学和评价。

首先，将任务作为驱动力来源。通过协作完成项目，教师和学生能够自主学习，并充分利用各种学习资源。根据认知—发现学习理论，学生应该积极主动地探索学习内容，以建立自己的认知结构，从而自我实现学习目标。透过任务驱动，学生加强学习热情，增进学习兴趣，这可以优化其学习效果。

其次，将导学案作为指导。在师生所处的不同空间中，学生的自主学习需要具有明确的目标和针对性，而非无组织无纪律。在异步学习环境中，导学案是一份教学指南，可帮助学生进行自主学习、积极参与、合作探究和创造发展，教师可通过导学案为学生提供支持。在智慧课堂中，必须确保导学案能够达到“知行合一、富有创造性”的目标要求。为了达成该目标，教师可借助将知识化为问题、将能力转化为过程、促进情感迁移等手段。导学案的目的不止于列出知识点和问题，更为关键的是激发学生自己的思考能力，以使他们能够进行自主思考。教师应该把学科知识转换为具有探究性的学科能力，鼓励学生通过提出问题、质疑和解决问题的方式，进行自主探索、创新和创造。为了实现更加个性化的英语教学，教师需要关注学生在听力、口语、阅读和写作四个方面的差异性，因为他们在这些方面的能力水平存在差异。利用蓝墨云班课云平台的学生经验值数据，教师可以根据学生的能力水平将其分为高、中、低三个层次，并为每个层次的学生提供相应的学习内容。在起草教学计划时，教师要考虑各个知识点、能力点和技能点的难度，以便适应不同程度的学生和应对他们的学习需求。这样做有助于帮助低水平的学生跟上课程，增强他们的学习成就感。同时，导学案也要鼓励高层次学生继续深入学习，激发他们的学习热情和积极性，使学生不断提升自己，进而发挥出最大的潜力。

再次，资源导学。应用移动互联技术，教师可以更紧密地连接课堂、企业和课程，进而实现产学合作的实践。教师能够更新自己的工业和行业项目知识，并且收集最新的微课、音频等教学资源。通过利用资源进行学习，学生能够在课程开始前对课程内容的知识和技能有所了解，进而实现认知水平的提高。

最后，评价促教。仅仅提供资源是不够的，这样很难全方位地呈现学生的学习成长历程，也不能有效地跟踪学生的学习效果和进步。所以，进行测试或参与问题交流互动是不可或缺的一部分，能够确保学习的有效性。只有将知识点和技能点逐步应用于实践中，与资源相互作用，才能实现深刻理解并获得有效的应用能力。教师可时刻了解学生学习情况，并灵活运用不同的教学方法，以达到更恰当地配置教学资源的目的。

2. 探究体验的同步空间学与教

混合式教学强调融合在线和现场教育资源，鼓励师生、校企间协作互动。通过采用导学式的方法，在课前的四个环节中，学生能够成功掌握知识点和技能点的基本概念。另外，借助云平台，教师可以及时获取学生对于教学过程的反馈，进而更全面地掌握学生的学习需求，并收集他们的疑惑和难题。教师应该使用指导性的方法引导学生自己去探究学习，在教学过程中不断激发他们的主动性。只有通过体验，并将所学知识内化，学生才能更好地理解和掌握所学知识。

第一，要在课堂中一直贯彻 BYOD 教学策略。据建构主义理论，人类学习的环境由情境、协作、会话和意义构成。意义的形成需要以情境作为基础，而推动意义构建则需要通过协作和会话等具体过程进行。在传统教学环境下，教师通常掌握着课堂物理空间的主导权。有些教师赞成让学生上课时不使用手机，旨在提升教学效果，打造一个没有手机干扰的学习环境。但是，这个方法的效果是否真的能符合期望？当今社会，学校教育的受众是出生在 20 世纪 90 年代或者 21 世纪的年轻人，他们对于电子设备非常熟悉，移动设备与他们的日常生活和学习有着密不可分的联系。更进一步说，假如没有手机，他们会感到异常的焦虑和迷茫。在课堂上，如果教师会利用 BYOD 教学策略与学生一起参与教学活动，那么学生在上课时使用自己的设备进行学习，是课堂学习主角的表现，而教师则会成为他们的引导者，需要在课堂中为他们提供指导。

第二，推荐个性化定制的教学资源。学生的学习之路是一个逐步升级、不断积累的过程，开始时他们会掌握基础知识，然后逐渐深化对知识的理解和运用，在后续的学习中不断巩固提升，最终实现创造性运用知识的目标。这个过程类似于一个不断上升的楼梯，每一步都离不开前一步的支撑。通过利用现有的设备平台，教师可以为学生提供定制化的学习辅导，同时还能根据他们在课堂上所使用的资源，为他们推荐相应的个性化学习资料。借助移动平台的原始数据，教师能够得知学生的学习状况、视频观看时长及参与讨论的程度等信息，从而为学生提供更贴心的辅导服务，并为他们推荐更合适的学习资源，以满足他们的个性化需求。

第三，构建合作学习共同体。在合作学习的社群中，学生、教师及企业专家要紧密合作，借助大家的集体智慧，旨在培养学生通过交流、协作及分享知识，达到更为深入的理解、应用、分析和创新，最终提高学习效果。教师需要在设计小组活动时运用科学的方法。以蓝墨云班课的云平台为例，教师根据学生的经验值来组织他们的小组。采用“同质组间，异质组内”的方式，确保同组学生拥有相似的认知水平。同时，鼓励每个小组成员进行自我展示，营造一个积极的竞争氛围，以便与其他小组进行高效比较。然后，教师采用BYOD教学策略设置课堂环境，以小组合作为主要教学形式，倡导学生展示学习过程。通过这种教学方法，教师可以扮演学生活动的设计师和组织者的角色，进而实现将“教”转变为“学”的课堂形式的目标。教师可以利用流动的工具和设备，监控、引导和协助学生进行富有创新性的学习。教师在微课程学习、头脑风暴、合作讨论和小组展示等活动中，教师需要担任引导和监管学生的角色。另外，教师可以利用自己的手机或平板电脑等移动设备，收集数据以更全面地了解学生团队的状况。根据学生不同的需求和特点，教师可以提供个性化的指导服务。这样一来，教师就可以更好地帮助学生团队取得进步。教师应该在学生讨论期间及时给出指导并监管学生团队的学习过程，以确保教学过程高效且可控。当学生面临难题时，他们可以互相探讨，向教师寻求帮助，或扫描数字化教材上的二维码，以获取更多的教育资源，进一步学习个别问题并实现个性化教育。

第四，英语体验式的合作成果展示。为了有效利用英语，高职英语的课堂应该注重交互体验。在这种教学环境中，每位学生都应该积极地参与，并承担教师分配给他们的不同角色所对应的任务。在展示学习成果时，学生采用团队合作的方式，不仅可以更加全面地呈现学习成果，还可以增强小组协作学习的动力。

第五，合作评价的达成。在整个教学过程中的所有环节里，评价是核心环节。评价的目标对象是团队，也设计个体评价。从方式角度看，其包括班级内的小组评价、不同组的组员之间进行评价、同一组的内部自评及教师多角度、多元化的评价。

3. 拓展式异步空间的学与教

除了在课堂里教与学的活动，创造学习场所也是提高学生自身素质和能力的有效方式。教师可运用移动云平台，采用以任务为导向和合作为核心的方式，联结学校、学生和企业，并共同创建结合产业和教育的互动场所。学生可以在网站上分享他们的创新作品，并通过同学、教师和企业的在线评价获得反馈，以便进一步改进和完善作品。这些作品最终需要达到实现企业实际项目的标准，进而促进学生的创新思维和服务企业的能力的培养。

通过移动互联云平台，师生可以在不同的学习环境中开展完整的教学过程，无论是同步还是异步都可以实现。这引起了很多教师对教育环境、教材资源、教学方法、教学内容和教学评估等方面的重新构思和重新设计，这些方面在各种情境下都不可或缺。借助移动互联云平台，教师可以为学生创造真实的英语学习情境，而且不受时空限制。另外，通过利用平台数据，教师可以评估学生的学习进程和个性化需求，从而为他们提供定制的学习资料，还能提供针对具体问题的个别解答服务。平台可随时帮助教师实时监控学生学习进度的功能，让教师能够及时地给予学生指导和评估服务。高职智慧课堂的宗旨是通过促进教学有机融合，拓展教学资源，强化实践教学，培养具备创新思维和适应新时代需求的高素质技能人才。通过引入企业资源和业师，智慧课堂可以最大限度地发挥移动云平台的优势，消除时间和空间上的限制，为学生提供更全面的学习支持。

三、高职英语智慧课堂创新思路

（一）情境的创建

在打造高职英语智慧课堂的过程中，教师可以利用现代化的教学工具，如视频和音频等，创造适合教学需要的学习情境，引导学生积极融入互动式学习，以更真实的形式进行交互式学习。如果教师只是灌输学生惯用的表达方式和语法结构，那么学习过程会失去启迪思维和激发创造性的因素，变得单调乏味；如果教师能够创造一个虚拟的对话情境，让学生通过角色扮演的方式进行学习，那么这种做法不仅可以提高学习的趣味性，还能让学生更加深入地掌握知识点。

（二）问题的提出

通过教师设计的学习环境，学生能够从多角度或从多个方面来探究问题，这有助于提升他们的自主思考能力。提出问题在学习中至关重要，因为它能够激发学生的思维进步。学生只有在能够提出问题的情况下，才能积极地参与到学习当中，实现真正的学习效果。提出问题有助于学生回顾学习的内容，能够使他们以个性化的方式深化对所学知识的理解。通过引入启发式问题，教师可以更有效地帮助学生深入理解所学内容，并鼓励他们正确应用知识。相比于机械式的记忆方法，这种提出问题的启发式教育方式更加实用。

（三）构建“桥梁”

利用“桥梁”的含义，即将学生所需学习的知识和教师的教学计划通过一个重要的纽带连接起来，以此建立学生和教师之间重要的联系。建立“联系”是一种行之有效的方式，可以帮助教师了解学生的知识水平，从而优化教学计划，并透彻挖掘学生已具备的知识和技能。同时，教师借助对学生学习习惯和偏好的评估，能够协助他们巩固已有的知识，引入新的知识。在建立“桥梁”的过程中，教师应坚持以学生为主体的理念，并根据学生已有的知识水平，增强学生发掘潜能的积极性。教师还要创造一种积极的教室文化，鼓励合作和交流，让学生更积极主动地投入学习，从而更好地培养他们的创新思维和实践能力。

（四）组织协作

为了促进英语智慧课堂的发展，教师需要注重学习的协作与互动，帮助学生建立合作团队，使他们一起学习并实现学习目标。在这个学习小组中，教师要鼓励每位成员积极参与交流和互动，以实现资源和知识的共享，以促进对课程和学习的深入理解。教师和学生需要紧密协作，共同规划教学计划并一起确认关键知识点。另外，在教学过程中学生还要重视自我反省，对学习成果进行自我评价。为了帮助学生掌握那些传统学习方式难以转化的知识理解，教师应该提供更多的思考机会给学生。

（五）成果展示

在完成教师布置的任务后，学习小组需要展示他们的成果。他们可以尝试通过角色扮演、综述或辩论等多种形式，来加深对知识的理解，并通过这些形式强化他们的记忆能力，这也有助于学生自主构建知识框架。

（六）学习反思

不管是传统教育还是现代化教育，都注重学生反思学习经验，注重学生自己在学习过程中存在的问题，并及时归纳和总结所学内容，使新旧知识更加有机地融合，从而制订下一步的学习计划和策略。为了达到更好的教学效果，教师需要灵活地根据学生的学习水平和状况来调整教学内容和教学方式。学生通过学习反思，制订实际可行的阶段性目标，也有助于提高学生的学习动力。

第六章　高职英语教学方法创新

本章主要介绍高职英语教学方法创新，主要从八个方面进行了阐述，分别是高职英语文化教学方法创新、高职英语词汇教学方法创新、高职英语语法教学方法创新、高职英语听力教学方法创新、高职英语口语教学方法创新、高职英语阅读教学方法创新、高职英语写作教学方法创新、高职英语翻译教学方法创新。

第一节　高职英语文化教学方法创新

一、高职英语文化教学方法的原则

高职英语教学方法的原则在于提升学生的跨文化交际能力。具体来说，主要体现在以下三点。

（一）帮助学生树立多元文化意识

对世界文化多样性的了解，有助于人们建立多元文化的意识与观念。不同文化产生的背景不同，是不能相互替代的。基于全球化的视角，各个文化群体之间的交流也日益频繁，因此需要对异质文化予以理解与尊重，努力避免在交际过程中出现冲突。

在高职英语文化教学中，教师应该努力培养学生积极理解不同文化，让他们对自身文化有清晰的了解，同时以正确的心态对待他国文化，从而应对世界的多元化。

（二）发展学生的批判性思维

在高职英语文化教学中，教师应该不断培养学生的批判性思维，让学生对本国文化加以反思，并采用多元文化的有利条件，对文化背后的现象进行假设，确立自己的个人文化观念。

（三）为学生创造学习异质文化的机会

当中西方两种文化进行接触与了解时，不可避免地会遇到碰撞的情况，并且很多时候学生也会感到不适应。因此，在高职英语文化教学中，教师应该帮助学生避免这一点，让他们有更多机会了解异质文化，提升自身的文化适应力。

二、高职英语文化教学的方法创新

开展高职英语文化教学可以使学生在语言学习中理解与接受异域文化，从而为顺利展开跨文化交际做准备。对于我国高职英语教学的对象而言，在高职英语学习的过程中，不可避免地会有文化的学习。这一过程有助于帮助学生开阔眼界，建立文化身份，形成自身的批判性思维。有理念，就有方法论。方法形成之后，也不是恒定的，会随着理念的变化而变化。既然高职英语文化教学的理念在广泛传播，那么它的教学方法创新就需要被探讨。概括而言，高职英语文化教学的方法创新类型主要有以下四种。

（一）师生互动

教师要努力尝试通过和学生互动来实施高职英语文化教学。教学的本质决定了教学不应该是单向行为，而是双向行为。因此，高职英语文化教学应该真正回归到教学的本质上来。互动法的完美落实需要教师做好一些功课。首先，教师要培养学生正确的文化心态，使学生平等看待一切文化。其次，教师要营造平等、自由和开放的互动氛围，鼓励倾听和表达，使得学生尽情发挥，畅所欲言。在互动过程中，教师和学生可以扮演不同文化中的角色，从而促使学生理解外来文化。

（二）文化引入

1. 创新背景

在中国，学生一直浸润在母语环境中，周围的英语环境较为缺乏，因此学生对很多文化背景知识可能是不太了解的。当学习材料中的文化背景知识影响到学生对学习材料的理解时，教师可以对有影响的文化背景知识做一些说明介绍。教师的说明介绍最好安排在讲解学习材料之前，以便为学生理解学习材料做铺垫。要将说明介绍的工作做好，教师需要提前在课外时间做好准备工作，搜集一些与教学内容相关的典型文化知识，并通过自己的消化理解将其恰当地应用到课堂中。

通常情况下，教学材料中的作者、内容和事件发生的时代可能都蕴含着一定的文化内涵，学生必须广泛学习这些背景知识，否则就难以准确理解所学材料。

2. 比较分析

有比较，就有结果。只有在比较中，事物的特性才会表现得更加明显。经过了不同的历史轨迹，中国和西方国家在长时间的历史积淀中形成了不同的文化。因此，在高职英语文化教学中，教师可以通过母语文化和英语文化的明显比较来让学生更加深刻地认识母语文化和英语文化。在跨文化交际中，学生也因此提高了文化敏感性，会更加重视文化对交际的影响，从而减少甚至避免因文化差异所引起的交际冲突。打个简单的比方，问别人的行程和年龄在中国是很正常的，但是在西方人眼里则是对隐私的侵犯。

（三）附加形式

以附加形式实施高职英语文化教学，可以使形式变得更加多样化。例如，在教材中设立文化专栏，在课外组织学生参观文化展览，举办英语文化主题讲座或组织文化表演等。教师也可以将优秀的但是传播度不高的英语书籍介绍给学生，并以书中的文化知识为主题开展讨论、戏剧表演、知识竞赛等活动。这些活动都需要在教师的指导和监督下进行，以便活动可以真正实现英语文化教学的目的。以戏剧表演为例，微型剧包括 3～5 幕，每一幕包含一两个文化事件，学生在参与表演的过程中，可能会出现一些文化误读的现象，通过反思、调查之后，就能找出文化误读的根本原因，从而学习文化知识。

（四）外教辅助

客观条件优越的学校可以适当地聘请一些外籍教师授课。外教的到来对高职英语文化教学具有以下 2 个促进作用。

1. 外教对学生的影响

外教不仅可以提升学生学习英语的兴趣，还能真正促进学生跨文化交际能力的提高。外教能够引起一批学生的好奇心，这些学生在与外教接触和交流的过程中可以增强对英语口语表达的信心，还能收获课堂上学不到的社会文化背景知识，能真正提高英语文化敏感度和英语交际能力。另外，学校可以定期利用外教组织英语角，这样就为学生创造了纯正地道的英语环境和文化环境，有利于学生英语听力和口语能力的提高，从而使他们的跨文化交际能力也有一定的进步。

2. 外教对教师的影响

在中国的大环境下，很多中国高职英语教师虽然学的是英语专业，但是由于口语的练习机会很少，英语口语表达能力依然比较欠缺。而外教来到学校以后，这些中国英语教师因为教学工作的关系，就获得了许多与外教直接交流的机会，外教可以帮助他们纠正语音上的错误，锻炼了中国教师的英语口语表达能力。另外，外教是在另外一种不同的文化氛围中成长和学习的，其教学模式可能更加有趣、生动，中国的高职英语教师就可以汲取他们教学模式中的优势，也有利于提高教学水平。

当中国教师的跨文化交际能力和英语教学水平得到提升以后，直接的受益者就是学生。中国教师的跨文化交际得到能力提升，其学生的跨文化交际也相对得以提升。中国高职英语教师的英语教学水平提升了，在实施高职英语文化教学中就能取得更好的效果。

第二节　高职英语词汇教学方法创新

目前，高职英语词汇教学中存在着诸多问题，教学现状不佳。对此，为了切实提高高职英语词汇教学的效果，提升学生的词汇水平，培养学生的跨文化交际能力，就需要在遵循基本教学原则的基础上对教学方法进行创新，即选用新颖、有效的方法开展高职英语教学。

一、讲授文化知识法

在高职英语词汇教学中，教师可以采用教授法开展文化教学，即教师直接向学生展示文化承载词的分类及内涵等，同时通过图像、声音结合的方式列举生动的例子并加以说明，直观地培养学生对文化的兴趣。只有熟悉了英语文化，才能让学生透彻地了解英语词汇。学习语言时不能只单纯地学习语音、词汇和语法，还要接触和探索这种语言背后的文化，只有在语言和文化的双重作用下，才能真正掌握英语这门语言。采用直接讲授法讲授文化，既省事又有效率，而且这些文化不受时空的限制，方便学生查找和自学。

例如，“山羊”/goat，在汉语环境中，“山羊”一般扮演的是为人老实的角色，由“替罪羊”这一词就可以了解到；在英语环境中，goat 则表示“好色之徒”“色鬼”。这类词语还有很多，如 landlord（褒义）“地主”（贬义）、capitalism（褒义）/“资本主义”（贬义）、poor peasant（贬义）“贫农”（褒义）等，这些词语代表了人们不同的态度。在词汇学习过程中，要深入了解和尊重中西方文化，这样才能更好地将词汇运用于交际。

再如，根据当下流行的垃圾分类，教师可以让学生翻译这四类垃圾：干垃圾、湿垃圾、有害垃圾、可回收垃圾。大部分学生都会将“垃圾”一词翻译为 garbage，实际上正确的翻译应是 waste，由这两个词就可以看出中西方文化差异。在英语中，garbage 主要指食物或者纸张，waste 主要是指人不再需要的物质，可见 waste 的范围更广，其意思是“废物”。所以，学生有必要深入了解中西方文化的异同，这样才能学好词汇，才会形成英语思维，进而形成跨文化交际能力。

二、采用文化对比法

根据心理学原理，人们比较容易理解相同的事物，但对不同的事物更容易产生兴趣，也容易记忆深刻。可见，采用英汉对比法有着显著的优势，即可使学生对英汉词汇文化差异一目了然，加深对词汇的理解。语言不能独立于文化之外，由于英汉习俗传统不同，价值观和思维方式等都有着显著的差异，会出现词汇语义与文化内涵不对等的情况。如果不加以学习和研究，在使用这些词汇进行交际时，难免会出现交际障碍。通过对比分析，学生就会发现其中的规律，词汇问题也就迎刃而解。如表 6-2-1 所示，为英语表达英汉意义对比的案例。

表 6-2-1　英语表达的英汉意义对比

英文表达	英语意义	中文意义
as strong as horse	力气大	力大如牛
work as a horse	任劳任怨、温顺	老黄牛
eat like a horse	有胃口、能吃	牛一般的胃口

通过表 6-2-1 可以看出，在汉语中，horse 的意思为“牛”，而在英语中 horse 所表达的意思是“马”。在英语文化中，马同时用于耕作和作战，但在汉语

文化中，马用来作战，牛用来耕作。

在具体的教学中，教师可以通过上述形式来对英汉文化进行比较，让学生清晰了解英汉词汇的文化差异，进而帮助学生正确、灵活地运用词汇。

三、创设文化情境法

语言只有在语境中才能焕发生机与活力，单独去看某个词语很难在其中发现个别韵味，但是一经组合和运用，语言便有了生命力。因此，教师应创设信息丰富的环境，为学生提供真实的语言环境和大量的语言输入，使学生在逼真的语境中学习英语，为学生提供一个学习和运用词汇的机会。教师可以设计一些活动，如组织学生观看电影，指导学生进行角色扮演，让学生经历真实的跨文化交际情境，培养学生的跨文化交际能力。

除组织跨文化交际活动外，教师还可以组织一些课外活动，让学生切实感受英语文化，扩大学生的词汇文化资源，培养学生的跨文化交际能力。例如，《疯狂动物城》这部动画片深受学生的喜爱，但大部分学生并没有注意这部影片的名字 Zootopia，也没有对其进行探究，觉得这是电影虚构的一个地方。如果学生知道乌托邦的英文是 Utopia，可能会理解这个复合词 Zootopia 是由 zoo（动物）和 Utopia（乌托邦）结合而来。“乌托邦”就是理想国，Zootopia 就是动物理想国，是动物之间没有相互杀戮的地方。如果学生在观看电影前能对其中的文化进行探索，或者教师稍微引导，那么观影的效果就会更好，而且在欣赏影片的同时能够掌握文化知识。

四、词汇记忆法

要想有效掌握和运用词汇，首先要记忆词汇，记忆对于词汇学习是至关重要的，因此在高职英语词汇教学中，教师有必要向学生介绍以下三种记忆词汇的方法。

（一）归类记忆

（1）按词根、词缀归类。很多英语词汇的构成存在一定的规律，即由词根、前缀和后缀构成，对此教师可以引导学生对词根、词缀进行归类，这样不仅能提高学生记忆的效率，还能使他们掌握记忆词汇的规律，从而来提高对词汇学习的兴趣。

（2）按题材归类。教师可以借助日常交谈中的话题来帮助学生记忆词汇。在日常的生活和交际中常会涉及不同的话题，教师可以引导学生对与某一话题相关的词汇进行归类，这样既能有效让学生记忆词汇，又能锻炼学生的交际意识和能力，具体如图 6–2–1 所示。

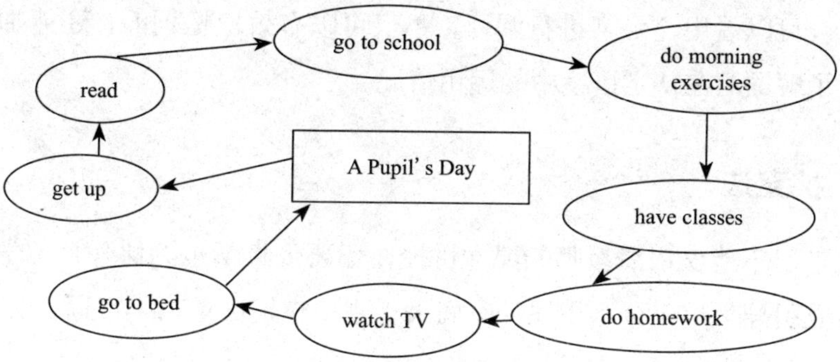

图 6–2–1　按题材归类

（二）联想记忆

联想记忆也是记忆词汇的一种有效方法，具体是指以某一词为中心，进而在头脑中联想与之相关的词汇。这样可以发展学生的思维，使学生的词汇掌握更具系统性，而且记忆效果更佳，如图 6–2–2 所示。

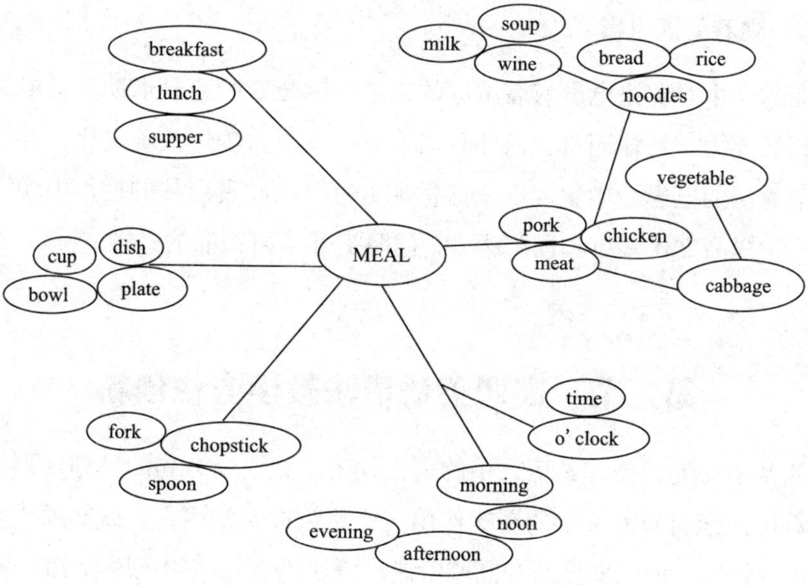

图 6–2–2　meal 的词汇联想

（三）阅读记忆

词汇与其他语言技能有着密切的联系，如词汇与阅读的关系就十分密切，因此学生可以通过阅读来记忆词汇。具体可以通过精读和泛读来记忆词汇，通过精读可以深入了解词汇的含义，通过泛读可以进行无意识记忆，加深对精读所学词汇的记忆。可以看出，经常进行阅读，不仅可以有效记忆词汇，还能加深对词汇的认识，了解词汇在特定语境中的运用情况。

五、扩充法

词汇学习不能仅依靠教师的课堂讲授，还要依靠学生的课外自主学习，对此教师应有效引导学生充分利用课外时间来自主扩充词汇量，丰富词汇文化知识。

（一）推荐阅读

教师可以向学生推荐一些课外读本，如《英语学习文化背景》《英美概况》等，让学生利用课余时间进行阅读。通过阅读英语名著，学生不仅能充分了解西方文化背景知识，扩宽文化视野，还能积累丰富的词汇，了解词汇的运用背景及词汇的文化含义，更能培养学生良好的自主学习习惯，促使学生终身学习。可见，阅读英语书籍对学生的词汇学习而言是非常有意义的。

（二）观看英语电影

现在的学生对英语电影有着浓厚的兴趣，因此教师可以借助英语电影来提高学生的词汇能力。具体而言，教师可以选取一些蕴含浓厚英美文化，并且语言地道、情节通俗的电影让学生观看。这样学生可以在欣赏影片的过程中切实感受到英美文化，提高文化素质和词汇能力，同时提升学习词汇的兴趣。

第三节　高职英语语法教学方法创新

语法是语言的框架，是语言中的词、词组、短语及分句的排列规则、规律和方式，对语法学习有着重要的影响作用。要想掌握一门语言，就必须要掌握这门语言的语法规则，所以即使是在高职阶段，语法仍然是高职英语教学的重要内容。

只不过，随着社会和教学的发展，以及文化影响的扩大，高职英语语法教学的要求不再只是掌握语法知识，而是运用语法知识进行有效的跨文化交际。对此，现在的高职英语语法教学要着眼于跨文化交际视角，在教授学生语法知识的同时，让学生了解英汉语法之间的差异，丰富学生的文化知识，切实提高学生的语法运用能力，培养学生的跨文化交际能力。

笔者认为，对高职英语语法教学方法进行创新，可以尝试以下三种方法。

一、三维教学法

在具体的教学过程中，高职英语教师都倾向于两种教学方法，一种是注重语言形式或语言分析的教学方法，二是注重语言运用的教学方法。这两种方法各有侧重，但实践证明，将两种方法结合起来会更加有效。从交际角度而言，语法不仅是各种形式的集合，语法结构也不仅有句法的形式，也可以运用具体的语言环境来表达语义，可以将这三个方面表述为形式、意义和用法。美国语法专家拉森·弗里曼提出了基于 From，Meaning，Using 三个维度上的三维教学法，将语言的形式、意义和用法有机结合起来，其具体模式如图 6−3−1 所示。

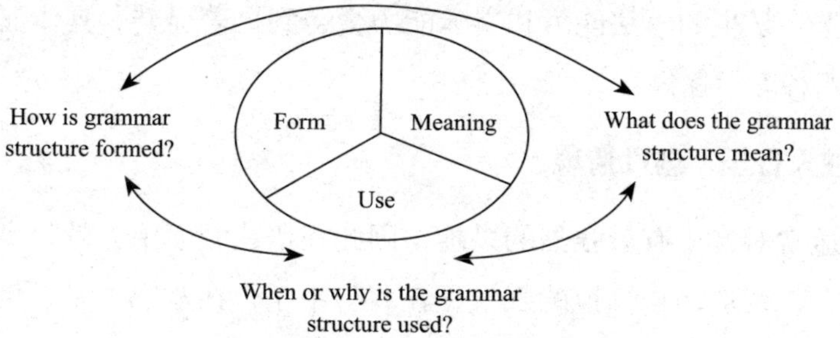

图 6−3−1　三维语法教学观

三维教学法的实施包含五个步骤：热身运动、发现语法、学习形式、理解意义、应用语法。

热身运动是对上节一课堂要点的复习，然后通过一些参与性活动，如听歌、表演、竞赛等形式，让学生对新的内容有所了解，调动学生大脑中的背景知识，激发学生的求知欲望。

发现语法是指学生通过教师的讲解和引导，感知和发现语法现象。

学习形式是指学生在发现语法的基础上，以语法结构的形式总结出语法规则。

在课堂教学中，这部分内容表现为回归课文阅读文章，通过阅读文章找出类似的形式和结构。这一阶段过后，学生能够为下一步理解、操练规则做好准备。

理解意义是指设计以意义理解为主的活动，从而促进学生对语法项目的理解，为语法的应用奠定基础。

应用语法是指教师为帮助学生掌握语法规则、提高其语法应用能力所设计的意识强、交际性好，能够促进思维发展的活动或任务。

在具体的教学过程中，教师可以根据具体的教学情况对上述五个步骤进行调整。

二、语境教学法

在高职英语语法教学中，教师可采用情境教学法开展教学，情境教学法包含语法规则和知识的真实环境，可以充分调动学生不同的感觉器官，激发学生学习的兴趣，可以让学生在接近真实的情境中参与学习，使学生系统地掌握语法知识。语法教学通过情境化实现了认知与情感的联合，颠覆了过去只讲述语法规则的陈旧方法，学生有了使用语言的空间。通过情境化教学，课堂氛围更加活跃，师生关系更加和谐，学生的语法能力和交际能力会得到显著提升。具体而言，情境教学包含以下四种教学途经。

（一）融入音乐，创设情境

青少年通常对音乐有着强烈的兴趣，因此在语法教学中，教师可将音乐与语法教学相融合，营造轻松愉悦的气氛，在聆听中学，在欢唱中学。例如，在讲授“现在进行时”这一语法时，教师可以让学生先欣赏“Shape of You”，并让学生持有该歌曲的歌词，然后找出歌词中含有现在进行时的句子。这样既能激发学生的学习兴趣，分散学习的难点，又能使学生在不知不觉中学到知识。

（二）角色扮演，感受情境

在高职英语语法课堂教学中，教师还可以组织学生进行角色扮演，让学生身临其境地学习语法知识。学生可以通过自己扮演的角色，体验相应情境下人物的言行举止、思想情感，深化所学知识，提高学生的人文素养。

（三）运用媒体，展示情境

在语法课堂教学中，有些教学情境因条件的限制而无法创设，但随着多媒体技术的发展及其在教学中的运用，这一缺陷便被弥补了。多媒体教学素材丰富多样，包含图像、图形、文本、动画及声音等，将对话的时空体现得生动和形象，图像和文字都得到了充分的体现，课堂氛围不再沉闷死板，学生的感官得到了调动，加深了学生的印象，提高了学生参与课堂教学的积极性，教学和学习效率也得到了显著的提升。

（四）设计游戏，领悟情境

设置符合学生心理和生理特征的语法教学游戏，可以激发学生的学习积极性，让学生积极参与其中。生动活泼的游戏可以调动学生的多种感官，使学生轻松掌握原本觉得学习起来困难的语法结构，从而使学生在潜移默化中掌握语法知识。

三、“翻转课堂”教学法

“翻转课堂”是随着信息技术的发展而产生的一种新型教学模式，将该教学模式运用到高职英语语法教学中，可有效调动学生学习语法的兴趣，促进学生的自主学习能力，提高学生的独立思考能力，进而培养学生的语法能力。翻转课堂这种教学模式不再以教师为中心，而是以学生为中心，教师只是起到辅助作用，学生是教学环节的重点，师生之间处于互动的状态。

（一）提升微课制作水平，借鉴网络教育资源

相较于传统的语法教学模式，翻转课堂最大的特点在于以视频微课代替了“黑板＋粉笔”的教学方式。但对于已经习惯了传统教学模式的高职英语教师来说，很难在短时间内适应视频微课这种方式，因此教师首先要熟练掌握微课的制作技术，灵活运用各种制作软件；其次要重视视频微课内容的整合与加工，在内容选择上要结合课本语法知识，并借鉴网络上优质的教育资源制作短小精致、内容丰富的数字化课程资源。

（二）拓宽师生互动渠道，确保语法教学效果

制作视频微课是翻转课堂语法教学的前提，后期的检查、实施和监督是更加重要的部分，因此师生之间应保持多维互动。首先，教师要指导学生观看视频微课，并对学生的学习内容和时间进行计划，把握学生学习的进度；其次，教师要利用社交软件建立QQ群和微信群，加强与学生线上线下的互动，对学生在自主学习中遇到的问题进行解答，促进师生和生生之间的讨论，实现高职英语语法知识的消化和吸收。

（三）关注语法难点，提升教师答疑解惑的能力

基于翻转课堂，教师将制作好的视频微课上传到网络平台，学生自行下载，并在固定时间内完成自主学习，而对于遇到的语法知识难点，除了课堂学习小组讨论，更多由教师在课堂上统一解答或个别辅导。对此，高职英语教师应不断充实自身的语法知识储备，提升自己的语法教学能力，从而更好地解答学生的疑难问题。

（四）开展差异化教学辅导，促进学生自主学习

在翻转课堂教学模式下，教师要更新教学理念，改变传统的教学模式，主动融入和参与学生学习的各个环节，成为学生学习的指导者和监督者。由于不同学生之间存在着巨大的差异，有着不同的基础水平和认知结构，因此教师需要采用不同的辅导方式来对不同层次的学生加以辅导，特别是对那些自律性不强的学生，更要采取有效的方式来加以辅导，从而促进他们进行自主学习。

（五）重视教学评价，建立激励机制

翻转课堂语法教学重在学生的自主学习，为了掌握学生自主学习的频率及参与程度，确保翻转课堂教学的效果，对学生进行考核评价就显得十分必要，而且这种考核要贯穿于课堂教学的全过程，并且评价形式要多样化，包括学生自我评价、小组评价、教师评价等多种考核评价形式。这种全方位的考核评价机制有利于教师掌握学生对语法教学的参与度和配合度，便于教师了解学生对语法知识的掌握程度，而且对学生有着正向的激励作用。

总体而言，高职英语词汇和语法教学应紧跟社会和教学改革发展的趋势，结合文化开展教学，即在教授词汇和语法知识的同时，融入英语文化知识，进而培养学生的文化素养，提高学生的综合能力以及运用词汇和语法知识进行跨文化交

际的能力。与此同时，教师要持有客观的态度，不能一味地导入英语文化，还应传授汉语文化知识，从而树立学生的民族文化自信，使学生运用所学知识传播中国文化。

第四节　高职英语听力教学方法创新

在高职英语听力教学中，教师应不断更新教学理念，创新教学方法，以提高教学质量和效率。具体而言，教师可以采用以下几种方法来创新高职英语听力教学。

一、技能教学法

听力的有效进行是需要一定技巧的，因此在高职英语听力教学中，教师应向学生介绍以下五种常用的听力技巧。

（一）听前预测

在进行听力之前，进行一定的预测是很有必要的。在教学中，教师可以指导学生在正式听听力材料之前，先浏览一下听力问题，据此预测听力测试的范围，如地点，时间、人名等，这样可使听力更具针对性。

（二）抓听要点

在听的过程中，要学会抓听要点，也就是抓听交际双方言语活动中的主要内容、主要问题、主题句和关键词等，对于一些辅助内容大致了解即可。

（三）猜测词义

在听力过程中不可能听明白每一个词，而且有时难免会遇到陌生的单词，此时如果停下来思考这个词的意思，就会影响对整篇听力材料的理解。所以，这时学生可以继续听，通过上下文来猜测词义，这样既不会中断思路，也能流畅地理解听力材料内容。

（四）边听边记

听力具有速度快和不可逆转性的特点，听者在有限的时间内不可能听懂和记住所有的内容，此时就需要借助笔记来辅助听力活动，也就是边听边记录。听力笔记不需要十分工整，只要听者自己能看明白即可。

二、文化导入法

（一）通过词汇导入

词汇是语言的基本要素，蕴含着深厚的文化内涵，所以要了解西方文化，首先要从词汇开始。在高职英语听力教学中通过词汇向学生导入文化知识，不仅可以提高学生的文化意识和素养，还能丰富学生的词汇量，为听力能力的提高奠定基础。例如，“狗”这一动物在中国文化中多具有贬义色彩，而在西方文化中，dog 深受人们的喜爱，被人们当作好朋友。在听力教学中，有意识地扩大学生的词汇量，丰富学生的词汇文化知识，将对学生听力能力的提升大有裨益。

（二）通过习俗导入

交际中必然会涉及习俗文化，如打招呼、称呼、感谢等，了解这些习俗文化对听力能力的提高具有重要意义。在具体的听力教学中，教师可以设计情境对话，或者安排学生进行角色扮演，让学生置身于英语环境中感受英汉习俗文化的差异，锻炼自身的英语听力能力。

（三）通过网络多媒体导入

现代信息技术的发展促使网络开始普及，而且在各个领域中发挥巨大作用。在信息化时代，教师可以充分利用多媒体技术向学生输入文化知识。具体而言，教师可以通过多媒体设备向学生展示文化知识，引导学生参与听力活动。此外，教师可以鼓励学生通过网络寻找听力资料进行自主练习，这样可以培养学生的自主学习能力，锻炼学生的听力能力。

三、电影辅助法

英语电影能够营造真实、生动的听力环境，而且能够帮助学生更好地了解西方文化，从中体会中西方文化的差异，进而提高跨文化交际能力。因此，将英语电影运用于英语听力教学中，可有效激发学生的学习兴趣，提高教学的效率和学生的听力水平。具体而言，可采用以下步骤来开展教学。

（一）观赏影片前

在观赏影片之前，教师和学生需要做一些准备工作。这些准备工作是指在选定影片之后，教师要为学生布置好与电影主题相关的作业，鼓励学生在课下通过网络搜集一些与电影背景相关的信息，通过此方式加深学生对影片的了解。在临近观看前，教师要对影片的相关内容进行介绍，并提出可以拓展学生思维的问题，如影片中有哪些俚语及主角爱好等，这样能够引导学生带着问题和好奇心去观看影片。在准备工作完成之后，学生在了解影片的基础上，边观看影片边解决问题，这样达到更好的学习效果。

（二）观赏影片中

在观看影片的过程中，教师可选择和运用影片中某个经典片段的放映来指导学生进行精听。精听要求学生听清每一个词、短语和句子，清楚每一个情节。通过精听，教师可以更好地引导学生学习影片中的语言。在精听的同时，教师还可以采取泛听的方法，让学生了解影片的故事梗概。此外，在播放影片的过程中，教师可以根据学生的英语水平和影片中的相关内容适时暂停影片，提醒学生影片中的一些关键对话，辅助讲解一些俗语、委婉语、禁忌语等，同时分析其中所涉及的中西方文化差异，帮助学生掌握语言精华，培养跨文化意识。

（三）观赏影片后

在影片结束之后，教师可以有针对性地进行扩展活动，即选择影片中的经典情节，组织学生进行角色扮演，从而巩固学生的听力水平，锻炼学生的表达能力，提高学生发音的准确性，培养学生的语感，同时树立学生的信心，促使学生合作学习。另外，教师可以鼓励学生谈论影片的主题及意义，引导学生撰写影评，这样可以促进学生通过影片对所学的词汇、语法等知识加以运用，进而提高学生的听力水平。

总体来说，英语电影语言丰富、情节生动，深受学生的喜爱，将其运用于高职英语听力教学，能够为学生营造一个真实的语言环境，有效锻炼学生的听力能力。但需要注意的是，采用电影辅助法开展高职英语听力教学时，在选材上要多加留意，要选择那些语音纯正、用词规范、内容健康的经典影片，这样才能让学生学到地道的英语表达，同时提高学生的听力水平。

四、游戏教学法

学生“说不出，听不懂”依然是高职英语听力教学中的重要问题，而基于信息技术的发展，游戏教学法成了解决该问题的突破口。游戏教学法寓教于乐，能有效激发学生参与听力教学的积极性，促使学生实现知识能力的自我构建。游戏教学法是在“互联网＋”的时空场域下，充分发挥“互联网＋教育”的价值和功能，通过设计和应用网络游戏来提高学生的听力水平。具体而言，游戏教学法在高职英语听力教学中的运用包含以下三个环节。

（一）设计学习目标

在高职英语听力教学中，学生学习的目标是“听得懂、听得清、听得牢”，进而提升跨文化交际能力。在高职英语听力教学中实施游戏教学法，就是运用网络技术，打造“互联网＋”的交互课堂，通过交互性游戏来提升听力教学效果。具体而言，学习目标的设计涉及以下 3 个问题。

（1）交互式游戏教学环境的构建问题。

（2）学生参与交互式游戏教学的积极性和主动性问题。

（3）交互式游戏教学的效果问题。

（二）分析教学对象

在开展游戏教学时，还要对教学对象，即学生进行分析，了解学生的学习需求，学生感兴趣的内容等，进而因材施教，确保教学效果。

（三）游戏教学的设计和应用

《王者荣耀》这款游戏深受广大学生的喜爱，对此教师可以依据这款游戏来开展高职英语听力教学。具体而言，教师可根据游戏中玩家写作和竞争的模式，设计角色扮演的游戏教学程序，将《王者荣耀》游戏模式导入高职英语听力教学中，让学生以小组形式与另一小组竞争，最终获得成绩与能力的提升。学生可以通过学号登录游戏系统，选择一个虚拟角色，然后与其他同学组队协作，进行虚拟场景对抗，教师将对抗结果纳入教学评价，并计入综合成绩。

五、基于认知策略理论的教学方法

根据认知理论，听力理解是一个需要听者积极构建意义的过程，也是一个复杂的认知过程。在学习中运用认知策略对学生建构意义、提高获取信息的能力大有裨益。将基于认知策略的听力教学模式运用于高职英语听力教学实践中，对提高学生的听力水平十分有利。

基于认知策略理论的高职英语听力教学模式的实施步骤具体如下。

（一）听前阶段

在听前阶段，教师的主要任务是让学生对听力材料的背景有所了解，教会学生使用目标语资源和推测策略，通过各种途径，如查阅词典、百科全书等扫除词汇障碍，同时激活学生已有的知识储备，为即将进行的听力活动做好准备。

（二）听中阶段

在听中阶段，教师要培养学生的联想、推测、演绎、速记等策略来帮助学生完成听力活动。在听力教学中，教师首先要充分激活学生头脑中储存的有关环境问题的图式，如水源污染、大气污染、森林破坏等，让学生合理推断文章内容。在第一遍听录音的过程中，教师要求学生概括文章大意，这就要求学生在听录音的过程中，结合自己的储备知识，运用联想策略，归纳篇章大意。在第一遍听录音的过程中，学生需要把握细节信息，完成表格中的空缺信息，教师要训练学生集中注意力，抓住重要信息，提高速记的能力。在听力活动结束后，如果信息有遗漏，教师可以引导学生运用推测、联想等策略，进行合理的推测，以增强学生对听力材料的理解和掌握。

（三）听后阶段

在听后阶段，教师要训练学生通过归纳、总结等策略对听力材料内容做进一步的加工处理，实现语言的内化。此外，教师应指导学生对听过的材料进行重复听力练习，让学生模仿训练，从而起到巩固语言知识的作用。

第五节　高职英语口语教学方法创新

在高职英语口语教学中进行文化渗透需要采用科学的教学方法，将目光投向文化教学，实现口语教学与文化教学的融合，从而丰富学生的文化知识，扩宽学生的文化视野，进而提高学生的口语表达能力和跨文化交际能力。具体而言，教师可采用以下四种方法开展教学。

一、文化对比法

英汉文化差异对口语交际有着很大的影响，因此在高职英语口语教学中，教师应加入中国文化元素与西方文化元素的对比，呈现中西方文化之间的差异。以饮食文化为例，西方人宴请客人时多考虑客人的口味、爱好，菜肴通常经济实惠。中国人为了表示热情好客，在请客时通常准备多道菜肴，而且讲究菜色搭配。教师引导学生进行文化对比时，不仅能提高学生的文化适应性，而且能减少汉语思维的负面影响，进而提高学生的跨文化交际能力。

二、课外教学法

高职英语课程的课堂时间十分有限，学生仅依靠课堂上的学习时间往往很难满足自身学习任务的要求，所以教师应该引导学生自动利用身边一切可以利用的时间和环境来练习口语。在课外，学生学习的知识可以作为课堂教学内容的补充，如果教师能够利用丰富的第二课堂，即课外活动，那么学生自身口语能力提升的速度也是显而易见的。例如，教师可以组织学生进行英语演讲、英语作文比赛、英语短剧表演等，让学生将自己的表演录成视频，在多媒体教室播放，学生通过观看视频来提出自己的建议与评价，这可以在短时间内提升学生的英语口语能力。此外，教师还可以邀请一些外籍教师为学生开展课外讲座，或者创办英语学习期刊，设立英语广播站等，让学生在丰富自己课余生活的同时体会到英语口语的乐趣，从而更加热爱英语口语学习。

三、美剧辅助法

高职校园中，美剧十分流行，深受学生的喜爱。实际上，美剧并不仅仅是一种消遣方式，还是帮助学生认识西方文化、提高口语表达能力和交际能力的重要途径。对此，教师可以通过美剧来开展口语教学，以改善口语教学环境，激发学生的学习兴趣，锻炼学生的口语表达能力。

（一）选择合适的美剧

美剧通常语言地道、故事情节生动且富有吸引力，是一种有利于激发学生兴趣的学习资料。美剧类型丰富，题材各异，不同类型的美剧对学生的口语能力所发挥的作用也不相同，因此在运用美剧开展口语教学时，教师要对美剧进行筛选，选择有利于发展学生口语水平的美剧。此外，教师还要提醒学生不要只沉浸在对美剧的欣赏中而忽视对美剧语言知识和文化背景的学习，鼓励学生带着学习动机来观赏美剧。

（二）开展层次性的反复训练

在运用美剧进行口语教学时，教师应遵循循序渐进的原则，开展反复性的练习，逐步提升学生的口语能力。例如，在首次观看的时候，教师要引导学生将精力放在剧情上；在第二次观看时，教师可以引导学生对剧中的表达和语法等进行推敲；在第三次观看时，教师可引导学生重点对人物说话的语气以及台词所隐含的内容进行挖掘和分析。分层逐步开展，可以有效加深理解和记忆，对提高学生的口语能力十分有利。

（三）关闭字幕自主理解

在看美剧时，很多学生习惯看字幕，脱离字幕将无法正常观看影片，实际上这样观看美剧对提高口语表达能力并不利。在观看美剧时，学生应对台词形成自己的理解，在不偏离剧情中心思想的情况下抛开字幕自主理解，可以有效锻炼英语交际思维。

（四）勇于开口模仿

学生要想通过美剧切实提高口语交际能力，就要在听懂台词、了解剧情的基础上开口说，即对剧中人物的台词进行模仿。只有不断地开口练习，才能培养英语语感，增加知识储备，进而提高口语交际能力。

总体而言，采用美剧来辅助高职英语口语教学可以有效提升学生的听说能力、写作能力，进而培养学生的跨文化交际能力。

四、创境教学法

口语学习的目的是进行实际交际，所以学生只有在真实的情境中开口说英语，才能使自己的口语能力得到锻炼。对此，教师可以采用情境教学法开展口语教学，即创设真实的情境，让学生在真实的环境下学习口语。具体而言，教师可以通过角色表演和配音两种活动来创设情境，锻炼学生的口语能力。

（一）角色表演

教师可以根据教学内容让学生进行角色扮演，将主动权交给学生，让学生自主分工、自行排练，然后进行表演。这种方式深受学生喜爱，不仅能缓解枯燥、沉闷的教学氛围，还能激发学生说的兴趣，让学生在真实的社会场景中进行社交活动，锻炼口语能力。当学生表演结束后，教师不要急于评价学生，应先给学生一些建议，然后再进行点评和总结。

（二）配音

配音是一种有效锻炼学生口语能力的方式，教师可以充分利用配音活动来提高学生的口语水平。具体而言，教师可以选取一部英文电影的片段，先让学生听一遍原声对白，同时向学生讲解其中的一些难点，然后让学生再听两遍并记住台词，最后将电影调至无声，让学生进行配音。这种方式可有效激发学生开口说的积极性，而且能让学生在欣赏影片的同时锻炼口语能力。

第六节　高职英语阅读教学方法创新

一、采用“阅读圈”教学

“阅读圈”是指一种由学生自主阅读、自主讨论与分享的阅读活动。[①] 在英语“阅读圈”中常常会采用分组的学习方式，小组中每一位学生自愿承担一个角色，负责一项工作，并进行读后反思。在阅读体裁的选择上，可以选择自己喜欢和感兴趣的文章开展有目的性的阅读。同时，每个人都有自己的任务需要完成，每个人在阅读完以后都要和他人分享和讨论相关的问题。“阅读圈”模式的目的是鼓励学生阅读和思考，其活动效果在很大程度上取决于小组成员在前期是否做好了充分的准备工作。采用“阅读圈”教学法开展阅读教学，对于提高学生的阅读兴趣和阅读效果具有重要意义。在高职英语阅读教学中，“阅读圈”教学法主要包含以下五个实施步骤。

（一）设计任务

教师以某个文化专题为教学内容，明确教学目标，选定学生在课堂及课外需要阅读的材料，设计好需要学生进行讨论和分析的问题，并计划好学生完成这些任务的学习模式。

（二）布置任务

在这一环节，教师安排学生组成“阅读圈”，每个小圈子为6～7人。随后，由教师向学生讲解“阅读圈”教学模式的理念、要求和规则，告知学生学习的重点和内容。此外，教师可以鼓励学生在自己的“阅读圈”内承担一定的角色，如讨论组织者、词汇总结者、总结概括者、文化研究者等。

（三）准备任务

在完成布置任务之后，教师引导学生进行独立思考，并让学生将需要讨论的问题及自身的思考结果形成文字。此外，由于“阅读圈”内各成员承担着不同的

① 刘卉．大学英语文化教学中阅读圈教学模式的构建与探索[J]. 教育现代化，2018，5(45)：236–238.

角色，教师应鼓励学生完成各自的任务，自由表达自己对文化的不同看法。

（四）完成任务

当学生通过自己的努力和教师的引导完成相应的任务时，各个小组就可以按照各自负责的内容进行汇报，对所读内容进行信息加工，思维拓展，确定小组汇报的内容，最终形成PPT，在课堂上展示核心成果。这一阶段是学生汇报并自由讨论的阶段，有助于启发学生的多元思维，深化文化内容的探讨，因此教师要对此有足够的重视。教师作为活动的组织者和指导者，要掌控整个讨论过程，对讨论过程中可能出现的争论不休或偏离主题等问题及时进行解决。

（五）评价任务

当学生各自汇报完自己的学习成果时，就可以进入评价阶段了。评价可以是学生自评，也可以是同学互评，还可以是学生和教师共同评价。在互评时，可以根据每个“阅读圈”展示的阅读成果以及成员的讨论表现进行打分。学生互评完成后，教师可以进行总结，对各“阅读圈”及学生自身的表现进行点评。需要注意的是，教师在点评时要注意尊重学生对文化的不同观点，重点关注学生思想的深度和广度，同时对那些积极参与讨论的学生提出表扬，以此带动全班同学积极参加此类活动。

二、构建阅读文化图式

图式理论充分彰显了阅读的本质，即强调阅读的本质是读者及其大脑中所理解的相关主题知识与阅读材料输入的文字信息之间相互交互的过程。图式理论是一种关于阅读研究的科学理论，其不仅强调文化背景知识与文化主题知识的重要性，并且未忽视词汇、语法在阅读中的重要作用。下面通过读前、读中、读后三个阶段对其进行详细的分析。

读前阶段是信息导入阶段。在这一阶段，要发挥出图式在阅读之前的预测功能。教师可以组织学生参加一些讨论、预测或者头脑风暴等活动，从而将学生头脑中的图式激发出来。在这一阶段，通过自上而下的阅读，学生头脑中的先验知识与文本相结合，从而激活与构建学生的图式，为学生进一步的阅读埋下伏笔。

读中阶段是文化渗透阶段。在这一阶段，要发挥出图式的信息处理功能。学生们根据自上而下的模式来探究文章的整体思路。一些新的文化知识可以通过自上而下的阅读模式获得，从而构建内容图式与阅读技巧。在读中阶段，略读、细读等都是比较好的策略。

读后阶段是文化拓展阶段。在这一阶段，要发挥出图式的记忆组织功能。教师可以通过各种活动对学生的新图式加以巩固，如辩论、角色扮演、讨论等。图式理论指出学生存储在大脑中的图式越丰富，学生的预测能力就越强。因此，课外阅读是非常重要的。

（一）读前文化导入——激活图式

1. 头脑风暴法

在英语阅读中，头脑风暴法常被用于导入环节之中。学生通过这一方法可以展开丰富的联想，从而刺激头脑形成新的图式。因此，教师在文化导入过程中要考虑话题的需要，为学生创设合理的头脑风暴，让学生更好地融入课堂之中。

例如，在讲解与音乐相关的内容时，教师可以对音乐类型进行头脑风暴，从而让学生们想象到Rap，folk music等类型。在这些音乐中，也可以让学生对比中西方音乐的不同，从而吸引学生学习的兴趣和积极性。

2. 预测与讨论

在阅读之前运用图式理论时，教师应该发挥学生推理的能力。学生通过对文本材料进行解读与推理，从而刺激自身的图式。还是以音乐为例，教师在讲授门基乐队成立的情况时，可以利用5W帮助学生更好地预测文本信息，之后鼓励学生通过讨论预测具体的文本内容。

3. 运用多媒体资料

在文化导入阶段，教师应该善于运用多媒体资料，从而让学生更好地体验文化教学的特色。通过多媒体，学生可以更直观地感受语言知识，了解中西方语言文化的差异，刺激学生的图式，让学生在激活自身图式的基础上进行下一步内容图式的拓展。

（二）读中文化渗透——深化图式

在读中阶段，教师可以在这一阶段进行文化知识的渗透，进一步丰富学生的内容图式，从而让学生更好地展开阅读。在阅读教学中，教师采用扫读、略读等策略帮助学生构建灵活的图式，促进学生激发头脑中与之相关的图式，从而便于学生更好地理解文章。在细读阶段，教师要帮助学生挖掘与语篇相关的文化内涵，扫除他们在正式阅读中的障碍。

首先，可以通过略读和扫读法，让学生了解文章的大意，从而获得对文章的总体信息与思路，这是帮助学生建构相关内容图式的有效路径。扫读法是学生根据教师的指令，能够在文章中找到特定的信息。

其次，可以通过细读，根据上下文，让学生明确每一个单词的含义，尤其是那些具有文化内涵的词汇，从而丰富学生的内容图式。

（三）读后文化拓展——巩固图式

在读后阶段，主要是充分发挥学生的记忆功能。一般来说，读后文化拓展的方法主要有以下四种。

第一，辩论。教师可以针对文本材料中的相关内容，选取一些视角展开辩论，学生在辩论中对与文本相关的内容图式加以巩固。同时，通过辩论，学生可以更好地理解文本的文化内涵与文化背景知识。

第二，角色扮演。学生通过学习与文本相关的文化知识，从而丰富自身的文化内容。其次，学生带着角色有目的地重新阅读文本，教师引导学生对文本进行改变或者情景模拟，从而激发学生学习的兴趣和积极性，提高他们在真实语境下对文本综合运用的能力。

第三，总结性写作。这一方式有助于学生加深对文本的理解，让学生将文化知识从短时记忆转向为长时记忆。

第四，课外阅读。除了课后巩固，教师还应该鼓励学生展开课外阅读。通过大量的课外阅读，学生不仅可以提高学习的自主性，而且还能在阅读中不断丰富自身的内容图式。

第七节　高职英语写作教学方法创新

一、语块教学法

利用语块进行教学是教师在写作教学中可以采取的有效方法。相关研究表明，英语中存在词汇程式现象，也就是成串的语言结构，这些词汇组合就被称为语块。在写作教学中，教师可以借助这一方法向学生介绍有关语块的基本知识，如概念、分类等，让学生明白语块对语言能力提高的重要意义。学生明白了语块的重要性，就会在学习中不断积累语块并有意识地加以运用，从而写出优美、地道的文章。具体来说，高职英语教师可以通过以下两个方面展开语块教学法。

（一）建构相关的话语范围知识

所谓相关的话语范围知识，主要包含与主题相关的各种社会知识与文化知识。在传统的写作教学中，这一环节未引起师生的足够重视，实际上这是写作教学的第一步。在这一阶段，教师需要在以下三个方面做出努力。

第一，向学生传授与话语范围相关的知识，并帮助学生进行掌握。具体来说，教师可以通过与学生进行交流，也可以让学生对其他学生的相关经历有所了解。

第二，对与话语范围相关的双语语言进行比较，尤其是不同语言的异同点，从而了解这些语言背后的文化背景，以及文化背景对话语范围所产生的影响。

第三，对与话语范围相关的词汇及表达形式进行列举、选择与整理。

具体而言，教师可以引导学生开展以下教学活动。

第一，教师提前为学生准备一些与话语范围相关的语篇，让学生对这些语篇进行比较与探讨，以便于学生发现不同语言的异同点。

第二，在课堂上，教师组织学生探讨自身的经历，如旅游经历，可以让学生对自己旅游过的地方、乘坐的交通工具等进行描述。

第三，教师安排学生准备一些与主题相关的物品，如实物、照片和视频等。

第四，教师可以让学生从写作的角度来认真阅读语篇，并对语篇中的语言符号、辨别意义等有所了解。

第五，教师可以组织学生参加与主题相关的活动，如讨论购物主题时可以让学生亲自去超市购物等。这些活动可以让学生对主题有深刻的感受。

第六，学生在阅读语篇的过程中，对自己遇到的生词等进行归纳，并将这些新词与已学内容相联系。

（二）建立相关语类的语篇模式

建立语类语篇模式的主要目的包括以下四个方面。

第一，让学生对语类及相关主题的语篇能够清楚地了解和把握。

第二，让学生对语类结构与结构潜势有深刻的了解。

第三，让学生对语篇语境有清楚地把握。

第四，让学生对交际目的、交际功能有清楚的了解。

具体来说，教师在这一阶段可以安排如下八种具体的活动。

第一，教师为学生阅读一遍语篇。

第二，教师与学生一起阅读语篇。具体来说，教师可以领读，也可以安排学生轮流进行阅读。

第三，教师引导学生根据语篇内容，推测语篇的背景，如所处的社会时代、文化背景和作者的写作目的等。

第四，教师让学生回忆他们在其他时间学过的类似的语篇，并组织学生分小组交流语篇的主要观点、主要内容等。

第五，教师组织学生分析语篇的结构与框架，如语篇由几个段落构成，这些段落是如何进行连贯的，等等。

第六，教师或者学生寻找一些类似的语篇，对语类结构的阶段方法进行训练。

第七，教师以语类为基础，引导学生对一些规律性的语法模式进行总结与归纳。

第八，教师引导学生思考语法模式与语类的关联性。

二、过程教学法

过程教学法，顾名思义就是注重学生写作过程与写作技巧的教学方法。过程教学法是相对结果教学法而言的，后者在教学过程中存在严重的弊端，学生是在完全被动的情况下完成英语写作任务。过程教学法则将重点放到学生的写作过程上，将写作看作一种社会交际活动，旨在调动学生的主观能动性，进而锻炼学生的综合素质。

（一）过程教学法的实施步骤

过程教学法重点关注学生的写作过程，并将写作过程划分为6个阶段，这也是过程教学法的实施步骤。

1．准备

准备阶段是重要的基础性工作，学生在明确写作立意后，要有充分的时间进行独立思考。教师还可以将学生分成小组，组织讨论，让学生分享各自的看法。最后，教师要给学生提供相关资料，以确定写作方向。

2．起草

在起草阶段，学生需要先整理出写作素材，再设置写作框架。此外，在这一阶段，学生要注意清晰表达自己的观点，把主要精力放在具体内容的写作上。

3．互评

学生完成写作后，教师制定一定的标准，组织学生互评，也可以分组，让小组间进行互评。

4．修改

在这一阶段，学生根据互评结果，对自己的写作进行适当修改。需要注意的是，学生如果认为自己的观点是正确的，可以坚持自己的观点，但要注意保证相关语法或句式的正确性。

5．反馈

在反馈阶段，教师要对学生修改后的写作进行批阅。一般来说，教师可以进行口头反馈，也可以进行书面反馈，无论采用哪种方式，教师都要注意多鼓励学生，以免打击其写作热情。

6．定稿

在这一阶段，学生根据教师的反馈意见进行最后修改，确定终稿。

（二）实施过程教学法需要注意的问题

教师在实施过程教学法时需要注意以下3个问题。

1．充分发挥教师的指导作用

在过程教学法中，教师虽然不再占有绝对的支配权，但依然承担着重要的角色。例如，教师要引导学生做好准备工作，要对学生进行合理分组，要制定评价标准，还要对学生的写作提出反馈意见等。总之，教师的这一系列工作对于学生顺利完成写作任务是非常重要的。

2．重视准备工作

准备工作是英语写作的关键环节，教师对此要给予充分重视。通过准备，学生一方面可以增强自信，缓解写作的紧张感；另一方面可以深入挖掘题目立意，开阔写作思维。

3．建立科学的互评机制

在互评阶段，学生面对同伴的习作，往往不知如何评价。对此，教师根据学生的写作水平，将语言表达、文章结构、标点符号的运用等纳入评价体系，制定出科学、合理的评判标准。同时，教师要确保评价机制的科学性。

第八节　高职英语翻译教学方法创新

一、翻译策略教学法

学生在翻译学习中必须熟练掌握各种翻译策略，如此才能更好地应对翻译过程中的各种难题。直译、意译、音译、形译、增译、省译等都是学生在翻译中需要掌握的基本技巧，这里我们重点从文化角度出发，介绍学生需要掌握的文化翻译策略。

（一）归化

1995 年，美国翻译理论家劳伦斯 · 韦努蒂（Lawrence Venuti）在《译者的隐形》（*The Translator's Invisibility*）中提出了异化策略和归化策略。

归化策略是指对源语表达形式进行省略或替换，找到地道的表达形式表达译入语。这一策略的运用会致使源语文化意义丧失，更符合译入语的文化意义。

例如：谋事在人，成事在天。

杨宪益、戴乃迭译：Man proposes,Heaven disposes.

霍克斯译：Man proposes,God disposes.

原句是带有浓重的中国特色，两个译本都使用了对仗形式，与原作相称，但是对“天”的表达存在明显的差异。杨宪益夫妇将其翻译为 Heaven，是与中国的文化色彩相符合的；而霍克斯的翻译则为了符合译入语读者的接受程度，将其翻译为 God。之所以存在差异就在于两个译本选择的翻译策略不同。再如：

等改完了剧本，你再唱你的《西厢记》或再唱你的“陈世美”。(影片《一声叹息》)

After finishing the script,you can play out you“Casablanca”thing.

上述译文采用归化策略，用英语读者所熟悉的 Casablanca 进行表达，易于读者接受与理解。

（二）异化

异化策略是指译者对源语文化进行保留，并尽量向作者的表达贴近的策略。虽然语言是对客观世界的反映，但是受不同思维方式与文化背景的影响，不同民族对同一事物的认知存在明显的差异。译者在对具有丰富历史色彩的信息进行翻译时，应尽量保留其文化背景知识，而采用异化法有助于传递源语文化。例如：

As the last straw breaks the laden camel’s back,this piece of underground information crushed the sinking spirits of Mr.Dombey.

正如压垮负重锂驼脊梁的最后一根稻草，这则秘密的讯息将董贝先生低沉的情绪压到了最低点。

上例将原文中的习语 the last straw breaks the laden camel’s back 进行了文化异化翻译，汉语读者不仅完全能够理解，还可以了解英语中原来还有这样的表达方式。再如：

The town’s last remaining cinema went west last year and it’s now a bingo palace.

这个城镇留存的最后一个电影院去年也倒闭了，现在它成了一个宾戈娱乐场。

在英语中，bingo 是西方国家为认识的人而设计的一种配对游戏，目的是更快地认识来参加聚会的人。翻译时，对其可进行异化处理，运用音意结合翻译为“宾戈”游戏。

（三）归化与异化相结合

自归化与异化的概念诞生以来，翻译研究者们对二者孰优孰劣的问题就一直争论不休。一方面，归化和异化是对立统一的关系，二者各自存在适用范畴；另一方面，在一些语境中，仅仅选择归化或异化都是不可行的，因为它们都无法将源语的内容与意义准确地传达出来，对此就需要将二者相结合，即采用归化与异化相结合的策略。一名优秀的译者需要在归化与异化之间找到一个折中点，然后根据这一折中点，对原作进行仔细品读，进而采用合适的翻译策略来进行翻译。当然，译者需要把原文的底蕴弄清楚，然后从翻译目的、作者意图等层面考虑，谨慎地对翻译策略做出选择，这样才能把握好翻译的分寸。例如：

I gave my youth to the sea and I came home and gave her(my wife) my old age.

我把青春献给了海洋，等我回到家中见到妻子的时候，已经是白发苍苍。

在翻译上述英文句子时，作者采用了归化与异化相结合的策略。很明显，对I gave my youth to the sea这句话的翻译采用了归化策略，而对I came home and gave her (my wife) my old age这句话的翻译则采用了异化策略。如果仅仅采用归化法或者异化法，很难达到现在的效果，也很难让目的语读者理解原作的含义。

笔者认为，在处理归化与异化之间的关系时，应该以异化策略为首选，而归化策略为辅助。也就是说，译者在文化翻译时应该尽可能地实现异化，必要时还要保证归化。

（四）文化调停

文化调停策略是译者在归化或异化都无法有效解决翻译问题时所采取的一种有效办法。所谓文化调停是指将一部分文化因素省略不翻译，甚至将全部文化因素省略不翻译，直接翻译其中的深层含义。例如：

回头人出嫁，哭喊的也有，说要寻死觅活的也有，抬到男家闹得拜不成天地的也有，连花烛都砸了的也有。

Some widows sob and shout when they are forced to remarry;some threaten to kill themselves;refuse to go through with the wedding ceremony after they've been carried to the man's house;some smash the wedding candlesticks.

原文选自鲁迅先生的短篇小说《祝福》。在中国婚俗中，“拜天地”是一种特有的现象，且“天”“地”这两个字有着丰厚的文化内涵。在中国人眼中，“拜天地”就是所谓的婚礼。但是，如果用异化策略进行翻译，目的语读者显然是很难理解其真正含义，因此将“拜不成天地”译成refuse to bow to heaven and earth显然不合理，而采用文化调停策略进行翻译，如译文所示，就将原作的意象进行省略，而直接翻译出原作的深层含义，这样目的语读者就能真正地理解原作的内涵，也能够获得与原作读者相同的感受。

二、基于智能手机的教学法

当前，全球智能手机市场正以惊人的速度发展，相应地，在人们的日常生活中，手机扮演着不可或缺的重要角色，给人们带来了极大的便利。可以说，智能手机正在深入影响我们的社会人际关系及日常行为方式等。

在教学领域，对于智能手机，人们持不同的看法。有人认为手机很容易分散学生的注意力，会让学生沉迷网络或游戏。还有人认为如果能有效利用移动智能手机，教学会取得事半功倍的效果。无论如何，有个事实是不容我们忽略的：根据一项在校大学生课堂玩手机情况的调查，90%以上的学生都承认自己在课堂上玩过手机。[①] 不仅如此，很多学生认为，手机能给他们带来全新的学习体验，他们可以借助手机自主选择学习的地点、时间、方式甚至内容，这样可以使他们的碎片化时间得到高效利用。基于此，我们赞同将智能手机与高职英语翻译教学进行有效结合，这种教学模式将是一种积极探索，是具有鲜明时代特征的锐意创新。具体来说，基于智能手机的翻译教学可以从以下四个方面进行努力。

（一）努力构建基于互联网的网络教学平台

我国高职英语翻译教学一直存在师资力量不足、课时有限等问题，而搭建网络教学平台可以有效解决这些困境。因为网络平台不受时空限制，教师可以开发

① 李安娜．“互联网＋”时代大学英语翻译教学模式建构[J]．黑龙江高教研究，2016，(4)：168—170．

丰富的教学资源，扩展翻译教学内容。同时，学生可以通过网络平台构建学习社区，开展自主学习。

由于学校之间的软硬件设施不同，因此各学校可以根据实际情况，灵活选择合适的平台开展网络教学。总体来说，基于移动互联网的网络教学平台必须具备基本的SNS、TAG、BBS、RSS和IM等功能，以便及时推送最新信息，实现客户端即时通信，帮助师生共建学习社区。

（二）组织模块化的翻译教学内容

传统公共翻译教学往往围绕大学英语四、六级考试进行，这种教学形式已不能满足当今社会需求，因此必须开发以各种翻译技能为单位的不同模块，进而开发涉及各个院系专业内容的不同模块，满足学生的实际需求和学习兴趣。换句话说，要实现翻译能力的分解，把高职英语翻译教学的内容分为专业内容的模块、翻译技能的模块、不同等级的模块等，让学生根据自己的能力和需求自主选择学习内容，这样可以鼓励学生进行自主学习，使教学效果事半功倍。

（三）开发多元化的翻译教学资源

我们知道，网络教学平台不受时空限制，因此师生可以低成本，高效率地开发各种翻译教学资源。

教师可以根据教学需求，在平台上发布相关教学资源，通过RSS推送给学生。教师还可以通过SNS发布衍生的学习要求，让学生通过BBS或者IM完成相应的学习任务。这样可以方便学生利用TAG功能标记自己感兴趣的内容，并与教师和同学进行讨论，分析自己的看法。

此外，教师还可以让学生自行收集各种视频和音频等多种媒体形式的资源，实现师生共同开发教学资源，拓展学生的学习空间。

（四）进行碎片化学习

碎片化学习是基于智能手机的高职英语翻译教学的核心理念。碎片化学习的优势主要有以下三点。

第一，碎片化学习能够让学生享受高度自由，让学生灵活自主地选择自己的学习时间和方式等，从而使学生有效控制自己的学习情况。

第二，碎片化学习具有很强的针对性，学生可以自主选择自己感兴趣的学习内容，还可以针对自己学习中的薄弱环节进行有针对性的改进。

第三，碎片化学习激发了学生的学习兴趣，促进了学生积极自主地学习，从而提高了学习效率，进而提高了教学质量。

在翻译教学中，制定了科学的学习模块，开发了丰富的学习资源后，学生就可以进行碎片化学习了。通过智能手机网络平台，碎片化学习将烦琐的学习内容加以分解，让学生在短时间内迅速提高自身的翻译理论修养和翻译实践能力，从而实现翻译教学的跨越式发展。

参考文献

[1] 段晓凯，徐月成 . 高职英语 [M]. 成都：电子科学技术大学出版社，2014.
[2] 涂丹 . 高职英语训练 [M]. 镇江：江苏大学出版社，2019.
[3] 卫金珍，陆晔 . 高职英语基础教程 [M]. 成都：电子科技大学出版社，2019.
[4] 赵盛 . 高职英语教学方法与改革研究 [M]. 长春：吉林人民出版社，2020.
[5] 王九程 . 信息化时代高职英语教学研究 [M]. 长春：吉林人民出版社，2020.
[6] 王娟 . 高职英语教学与教师职业能力培养研究 [M]. 沈阳：辽宁大学出版社，2021.
[7] 杨桂华 . 高职英语实用基础教程 [M]. 成都：西南交通大学出版社，2017.
[8] 孙瑜 . 信息化背景下高职英语教学改革路径创新研究 [M]. 延吉：延边大学出版社，2022.
[9] 赵娜，王丹丹 . 英语语言教学与英语国家社会文化研究 [M]. 北京：新华出版社，2014.
[10] 郝兴跃 . 英语教育与教学研究 [M]. 上海：上海外语教育出版社，2012.
[11] 赵昭仪，夏利亚 . 高素质技术技能人才培养视域下高职英语教学改革研究 [J]. 海外英语，2023（9）：238-240.
[12] 成家慧 . 基于教学能力大赛的高职英语教学改革实践 [J]. 公关世界，2023(5)：126-127.
[13] 谭丁 ."双创"视域下的高职英语教学改革 [J]. 濮阳职业技术学院学报，2023，36（2）：28-31.
[14] 程京凯 . 就业导向下的高职英语教学改革 [J]. 河南司法警官职业学院学报，2023，21（1）：126-128.
[15] 王馨婕 ."互联网 +"时代背景下高职英语教学改革与发展探讨 [J]. 中国多媒体与网络教学学报（中旬刊），2023（3）：78-82.
[16] 李蔚东 . 基于职业需求视角下高职英语教学改革与创新 [J]. 英语广场，2023

（6）：102–105.

[17] 张金龙 .OBE 理念下高职英语教学改革研究 [J]. 辽宁高职学报，2023，25（2）：44–47.

[18] 姚融乐，罗锦霞 . 课程思政背景下高职英语教学改革路径与方法探究 [J]. 产业与科技论坛，2023，22（4）：149–151.

[19] 席晓蕾 . 基于就业导向的高职英语教学改革初探 [J]. 英语广场，2023（5）：81–85.

[20] 乔耀琼 . 职业教育改革大趋势下高职英语教学改革策略探究 [J]. 海外英语，2023（2）：217–219.

[21] 韩俊青 . 支架理论指导下的高职英语阅读教学实证研究 [D]. 徐州：江苏师范大学，2020.

[22] 张莉 . 核心素养下的高职农业类英语翻译教学创新研究 [D]. 长沙：湖南农业大学，2019.

[23] 苗蕊 . 基于图式理论的高职英语阅读教学策略研究 [D]. 扬州：扬州大学，2018.

[24] 丘丽红 . 支架理论在高职英语写作教学中的应用研究 [D]. 漳州：闽南师范大学，2018.

[25] 宋芳芳 . 多元智能理论指导下的高职艺术生英语教学研究 [D]. 南昌：江西科技师范大学，2017.

[26] 肖贝 . 任务型教学法对培养学前教育专业学生幼儿英语教学创新能力有效性的实证研究 [D]. 广州：暨南大学，2017.

[27] 刘嘉琦 . 图式理论视角下高职体验式英语听说教学的有效性研究 [D]. 哈尔滨：哈尔滨师范大学，2017.

[28] 熊燕飞 . 图式理论在高职英语阅读教学中的应用研究 [D]. 南昌：江西科技师范大学，2016.

[29] 肖艳 . 基于非指导性教学理论的高职院校大学英语教学改进研究 [D]. 南昌：江西农业大学，2016.

[30] 黄琳 . 知识管理在高职英语教学中的应用研究 [D]. 长沙：湖南师范大学，2009.